學部編纂

日語讀本 原文 (下)

學部編輯局出版

김순전 · 박제홍 · 장미경 · 박경수

編

제이앤씨
Publishing Company

學部編纂　日語讀本　卷五　大倉書店印刷

學部編纂　日語讀本　卷六　大倉書店印刷

學部編纂　日語讀本　卷七　大倉書店印刷

學部編纂　日語讀本　卷八　大倉書店印刷

≪ 總 目 次 ≫

卷六 (3學年 2學期, 1908)

目　次

序 文

1. 학부편찬 『日語讀本』 출판의 의의

교과서는 무릇 국민교육의 정화(精華)라 할 수 있으며, 한 나라의 역사진행과 불가분의 관계를 가지고 있다. 교과서를 통하여 진리탐구는 물론, 사회의 변천 또는 당시의 문명과 문화 정도를 파악할 수 있으며, 무엇보다 중요한 한 시대의 역사인식 즉, 당시 기성세대는 어떤 방향으로 국민을 이끌어 가려 했고, 그 교육을 받은 세대(世代)는 어떠한 비전을 가지고 새 역사를 만들어가려 하였는지를 알아낼 수 있다. 이렇듯 한시대의 교과서는 후세들의 세태판독과 미래창조의 설계를 위한 자료적 측면에서도 매우 중요한 가치를 지니고 있다.

1907년부터 1908년에 걸쳐 출판된 『日語讀本』은 당시 외세의 진출과 이질적 서양문명의 수용으로 인한 특수하고 복잡한 상황에서 편찬된 외국(일본)어 교과서로 근대를 여는 중요한 역사적 의의를 지니고 있다.

이에 통감부 시절 초등학교에서 사용되었던 『日語讀本』 원문서를 출판하는 일은 일제에 잠식되어가는 과정의 한국근대사를 연구하는 데 있어서 필수적 사항이라 할 수 있을 것이다. 특히 간간이 문제가 되고 있는 독도의 영유권 등을 고려하더라도 한국어, 일본어, 국사, 수신(修

身) 등의 교과서는 더욱 그러하다.

100여 년이 지난 오늘날까지도 끊임없는 과거사로의 회귀적 발언과 망언, 그리고 한국에서 일본 신보수주의자들과 의견을 같이하는 일부 인사들의 발언은, 현재를 사는 우리들이 해결해야 할 일제청산에 대한 과제를 더욱 어렵게 한다. 이는 일제강점기 식민지 동화교육의 핵심이라 할 수 있는 일본어 교육과 아주 밀접하게 관련되어 있다고 여겨진다.

당시 일본어 교육은 식민지라는 특수한 상황에서 모든 조선인들이 지배국인 일본의 습속을 따라야한다는 풍속미화의 동화정책 중에서도 가장 기본적인 수단으로 중요시되었다. 이는 동화정책의 출발점에서 한 나라의 말과 역사를 정복하는 것이야 말로, 식민지기 내내 그들이 추구하고자 하였던 소위 '내선일체'와 '황민화'에 도달할 수 있을 것이라는 의미였을 것이다.

이번에 통감부기 『日語讀本』 원문서를 출판하는 일은 한국학(韓國學)을 연구하는데 필요한 자료 제공과, <을사늑약> 전후 한국에서의 '교육제도'와 '일본어 교육' 과정을 세심하게 살펴볼 수 있는 자료적 의미로써의 성과와, 그동안 사장되었던 미개발 자료의 일부를 발굴하여 체계적으로 정리해 놓는 일의 출발로써 큰 의의가 있다.

이에 따라 각기 흩어져 있던 『日語讀本』 원문서 전 8권을 수집, 정리하여 출판함으로써, 이를 통하여 당시 주요교과서였던 『日語讀本』에 대한 재조명은 물론, 한국 근대화 과정의 요소요소에 스며들어 있는 일본문화의 여러 양상과 과거 긴박했던 세계정세의 흐름을 구체적으로 파악할 수 있는 기초자료로 유용하게 제공되기를 바란다.

2. 근대조선의 교육

1) 〈을사늑약〉 이전

(1) 근대교육의 출발과 시행

우리나라의 근대적인 교육제도는 1876년의 <강화도조약>을 시작으로, 1892년 미국, 영국, 독일과 차례로 수호조약이 체결됨으로서 문호개방과 더불어 서구의 학교와 일본의 교육제도가 들어오면서부터이다. 당시 서당의 설립과정을 살펴보면, ① 훈장이 자신의 생계를 위해서나, 취미로 경영하는 경우, ② 마을의 유지가 서당을 세워 자기 자제를 교육시키는 동시에 친지의 자제들을 수용하는 경우, ③ 마을 사람들이 뜻을 모아 훈장을 초빙하고 교실을 마련하여 그 자제들을 교육시키는 경우, ④ 마을의 전체가 조합을 만들어 설치하는 경우1) 등 넷 중 하나였다.

조선후기 급격한 시대변화와 개항 이후 외래문화의 충격에 의하여 본격적으로 제기된 교육정책 과제는 부국강병에 필요한 인재양성이었다. 그 구체적인 대안으로 조정에서는 1876년 김기수에 이어 1880년 김홍집을 대표로 한 수신사, 1881년 박정양을 위시한 신사유람단을 일본에 파견하였다. 같은 해 김윤식을 대표로 한 영선사를 청국으로 파견하였고, 이어서 1883년에는 민영익을 대표로 한 시찰단을 미국에 보내어 그들로 하여금 선진국의 문물을 체득하게 하여 다양하고 체계적인 인재양성에 관한 계획을 시도하였다.

한국 근대교육사에서 개화기부터 1910년까지는 진학열기가 대단히 고조되었던 때였다. 이 시기는 새로운 교육을 통한 자주독립국을 만들

---

1) 오천석(1964), 『한국 신교육사』, 현대교육총서, p.83.

려는 염원으로 개인이든 민간단체든 최소한의 교사와 학생만 확보되면 장소를 불문하고 학교를 설립하려 하였다.

근대조선의 이러한 개화사상은 초등학교 성립시기 교육개혁을 구상하고 그에 따른 시도를 뒷받침 해주었으며, 종래의 교육체제를 근대적인 교육체제로, 종래의 폐쇄적 사고방식을 개방적 사고방식으로 전환해야 할 필요성을 깨우치게 했다. 이에 대한 당시의 당위론적 과제는 피동에서 자주적 근대화로, 외세의 침략적 식민지화에 대한 민족의 주권수호와 독립의 견지였다.

근대의 초등교육 개혁운동은 당시의 신문과 사회단체에서도 활발하게 전개되었다는 점에서 한국 초등교육의 특수성을 나타내고 있다. ≪漢城旬報≫ 1886년 2월 25일자를 보면, "초등교육은 선악정사(善惡正邪)에 대한 구별의식, 격물치지(格物致知), 인륜을 아는 교화가 목적이다. 초등교육은 보통지식을 가르치는 곳이다. 한 고장에 1~2개 학교를 설립할 것이며, 학령은 남녀귀천을 막론하고 5~13세까지로 할 것이다." 하여 기초 보통교육의 성격을 띤 초등교육에 대해 논의하였으며, 동년 5월 24일에는 "나라가 인재를 양성하기 위해서는 우수아동을 선발하여 무상교육을 할 것"과 "학교 설립할 능력이 있는 사람이라면 누구나 사립초등학교를 설립할 것"을 종용하는 주장도 하였다. 또한 ≪漢城週報≫2)에서도 "나라에서 인재를 양성하는 데는 학교보다 우선할 것이 없다." 하여 실사구시를 목표로 관립학교에 의한 초등교육의 공교육화를 촉구하였으며, 한말 교육단체인 대한자강회(大韓自强會)에서는, '경성의 각 동(洞)에 구립학교(區立學校)를 설치하고 비용은 교민(僑民)이 부담할 것' 과 '학령(學齡)은 남녀 7세부터 14세까지로 한정하며 8년간

---

2) 1884년 12월 ≪漢城旬報≫ 폐간 후, 1886년 1월 다시 창간된 신문임.

에는 의례적으로 입학할 의무로 정한다.' 는 의무교육 실시에 대한 의견서를 정부에 제출하기도 하였다. 이러한 공교육시책을 보다 구체화하여 한 걸음 더 나가게 한 것은 1888년 박영효가 고종에게 상소한 <내정개혁백서>의 여섯째 항목에서 '設小中學校 使男女六歲 以上 皆就校受學事' 라 하여 6세 이상 남녀아동은 모두 학교에 입학시켜 교육받게 할 것을 건의하였다.

이처럼 근대초등교육 개혁은 각종 신문이나 협회의 소학교 설립 촉구, 그리고 정부에 의한 학제개혁과 관공립소학교 설립, 민간인과 선교사에 의한 사립소학교 설립 등 다각적 측면에서 시도되었다.

1894년 7월 27일 김홍집을 중심으로 한 개화파에 의하여 <군국기무처>가 설치되었으며, 7월 30일에는 새로운 관제에 따라 처음으로 소학교의 설립의지를 표명하였다. <군국기무처>의 주도 세력인 김홍집 내각은 종래 예조에 속해 있던 교육부서를 독립시킨 후, <학무아문>을 신설하여 단독 관할하기에 이른다. 당시 학무대신 박정양은 '소학교설립에 관한 고시문'에서 "나라가 초등교육을 주관하겠다."는 취지를 표명함으로써 초등학교 교육을 의무교육형태로 전환시키려는 의지를 내비치며, 당시 전국 각지에 산재해 있는 '서당'을 근대 초등학교와의 가교역할로 최대한 활용하여 신교육을 보편화시키려고 노력하였다. 그러나 열악한 재정과 기존 양반층의 거센 반발로 인하여 그러한 노력은 물거품이 되었고, 이러한 점은 결국 서당교육과 근대 초등교육이 분리된 요인을 낳게 되었다.

(2) 〈교육입국조서〉와 개화기 초등교육 성립과정

갑오개혁기 전후 정부에서 제시한 초등학교 교육목적은 전통 교육과 근대 교육의 접점선상에서 전통적 유교이념과 서구적 이념이 함께 담겨있는 '오륜(五倫)+실용성+공공성=국민적 인재 양성'이라는 도식을 보이고 있다. 이것은 소수 인재 양성에서 다수의 인재 양성으로 교육의 판도가 바뀌면서 초등 기초 보통교육이 도입되고 있는 과도기의 모습이었다. 비록 갑오개혁은 일본의 내정간섭과 그에 대한 국민들의 거센 반발로 순조롭게 진행되지 못했지만, 국민의 기초교육으로서 초등교육의 정체성 확립을 시도했다는 점에서 교육사적 의의를 부여할 수 있다.

갑오경장(1894) 이후 자주독립국가로서의 기초를 굳건히 하려는 견지에서 고종은 1895년 1월 7일 공포한 <홍범14조>3)의 내용 중, 제11조와 제14조의 내용을 기반으로 동년 2월 2일 詔勅으로 <교육입국조서>를 발포한다. 그 내용 중 일부를 보면 다음과 같다.

---

3) <홍범14조>는 갑오개혁 후 1895년 1월 고종이 선포한 14개 조항의 정치개혁 강령으로, 근대 최초로 순한글체, 순한문체, 국한문혼용체의 3가지로 작성하였다. 그 내용은 아래와 같다.

제1조: 청국에 의존하는 생각을 끊고 자주독립의 기초를 세운다.
제2조: 王室典範을 작성하여 大統의 계승과 宗室, 戚臣의 구별을 밝힌다.
제3조: 국왕이 정사를 다루는데 있어서 친히 각 대신에게 물어 처리하되, 왕후, 비빈, 종실 및 척신이 간여함은 용납치 않는다.
제4조: 왕실사무와 국정사무를 분리하여 서로 혼동하지 않는다.
제5조: 의정부와 각 衙門의 직무권한의 한계를 명백히 규정한다.
제6조: 부세는 모두 법령으로 정하고 명목을 더하여 거두지 않는다.
제7조: 조세 부과와 징수 및 경비지출은 모두 탁지아문(度支衙門:재무부)에서 관장한다.
제8조: 왕실은 솔선하여 경비를 절약해서 각 아문과 지방관의 모범이 되게 한다.
제9조: 왕실과 각 官府에서 사용하는 경비는 1년간의 예산을 세워 재정의 기초를 확립한다.
제10조: 지방관 제도를 속히 개정하여 지방관리의 직권을 한정한다.
제11조: 나라안의 총명하고 준수한 젊은이를 널리 외국에 파견하여 학술과 기예를 익히도록 한다.
제12조: 장교를 교육하고 징병제도를 정하여 군제의 기초를 확립한다.
제13조: 민법 및 형법을 엄정히 정하여 함부로 가두거나 벌하지 말며, 백성의 생명과 재산을 보호한다.
제14조: 사람을 기용함에 있어서 문벌에 구애받지 않고 선비를 두루 구하여서 널리 인재를 등용한다.

교육은 그 길이 있는 것이니, 먼저 헛된 이름과 실용을 분별하여야 할 것이다. 독서나 습자에 있어서 옛사람의 쓸모없는 문장에 몰두하고 시대의 변화에 둔감한 자는 그 문장이 비록 고금을 능가할지라도 아무 쓸모없는 書生에 불과하도다. 이제 朕이 교육의 綱領을 정하니, 헛이름은 물리치고 실용을 취하도록 하라.

첫째는 德養이니, 五倫의 行實을 닦아 綱規를 문란케 하지 말고 풍습을 가르치며 퍼뜨려 세상의 질서를 유지하고 사회의 행복을 증진시킬지어다.

둘째는 體養이니, 동작을 바르게 하여 부지런히 힘쓰기를 주로 하며 게으름과 편안함을 탐내지 말고 괴롭고 어려운 것을 피하지 말며 그대의 근육을 굳게 하고 뼈대를 튼튼히 하여서 康壯하고 병없는 기쁨을 누려 받으라.

셋째는 智養이니, 사물의 이치를 깨쳐 나의 知를 完實케 하되 타고난 재능껏 窮理하여서 좋고 미운 것과, 옳고 그른 것과 길고 짧은데 머물지 않으며 내 것과 남의 것을 구분하지 말고 두루 자세히 연구하여 널리 통하기를 힘쓰라. 그리하여 내 한 몸의 이익을 꾀하지 말고 공중의 이익을 도모할지어다.

가로되, 이 세 가지는 교육의 綱紀이니라, 짐(朕)은 정부의 명하여 학교를 널리 세우고 인재를 양성하며 그대를 臣民의 학식으로써 나라 중흥의 大功을 養成케 하련다. 그러하니 그대들 臣民은 忠君하고 愛國하는 마음으로 자신의 德과 體와 智를 기를지어다.

위에서 보는 것처럼 <교육입국조서>의 교육목적은, 덕(德)→체(體)→지(智)의 순서에 의해 전인적 발달을 도모하는 내용으로, <학무아문>에서 제시한 덕육(德育) 편중의 전통적 교육관에서 진일보했음을 알 수 있다. 개인의 德, 體, 智의 조화로운 전인발달을 통하여 부국강병을 도모하는 것으로, 개인의 성장과 함께 나라의 발전을 도모하는 국민교육의 위치로 끌어올리려 한 것이 특징4)이라 할 수 있다.

초등학교 성립기 교육개혁을 주도한 사람은 유길준, 박영효, 김홍집, 김옥균, 서재필 등으로, 이들은 모두 '서당이나 가숙(家塾) 또는 서제(書齋)교육 → 북학파 실학교육 → 일본 혹은 서구에 유학 또는 견학' 이라는 교육적 배경을 갖고 있다. 그들은 자신의 경험을 통하여 <교육입국조서>에 의한 실사구시(實事求是) 즉, 실생활에 직결된 정신을 강조하는 근대 초등교육 개혁을 주장하였다.

교육개혁에는 여성교육의 중요성도 포함되어 있지만 기존 유림층의 반대로 순조롭게 진행되지 않았다. 따라서 이들의 의식을 변화시키는 일이 무엇보다 시급하다는 것을 깨달은 개화파는 각종 신문을 통하여 성리학적 교육풍토에서 벗어나지 못한 한국의 실정을 자각케 하고, 교육의 발전을 도모하는 기사면에 큰 비중을 두는 등 언론을 매개로 하여 다각적으로 기존 식자층의 의식을 변화시키는데 힘썼다.

(3) 公教育制度의 수립과 그 실태

정부는 1895년 3월 25일 <학부관제>를 제정하고 4월 16일 교사양성을 위해 <한성사범학교관제>를 제정·공포하였다. 이에 따른 초등교육의 제도적 기반은 동년 7월 19일 <소학교령>에 의하여 마련되었으며, 8월 <소학교규칙대강>을 공포함으로써 소학교의 구체적인 대강을 제시하였다. 당시 관보에 의하면 학부에서는 한성부내에 장동, 정동, 계동, 묘동에 관립소학교를 개설하여 각각의 개교일을 정하여 입학생을 모집하였다. 그 광고문은 아래와 같다.

---

4) 김정효 외 공저(2005), 『한국근대초등교육의 성립』, pp.52~53 참조

勅令 第一百四十四號에 의ᄒ야 小學校를 漢城內의 官立ᄒ고 普通
各科와 外國語를 敎授홀터이니 學徒願赴ᄒᄂ 者의 八歲以上 十五
歲以下人은 그 父兄이 帶同ᄒ고 八月初五, 六日間에 本部에 와서
告ᄒ야 許人狀을 受홈이 可홈. 小學校의 置ᄒᄂ 區域과 開學日期
ᄂ 左와 如홈.
壯洞 八月八日, 貞洞 八月九日, 桂洞 八月十二日, 廟洞 八月十三日.
開國 五百四年 七月 二十八日 學部[5]

이렇게 하여 세워진 소학교는 서울에 10개교, 지방에 50개교가 되었
다. 당시의 생도의 재적수는 장동소학교가 23명, 정동소학교가 76명, 계
동소학교가 40명, 묘동소학교가 48명이었다.[6] 그러나 서울에 비해 지
방의 公立小學校 등은 명색이 학교였지만, 환경은 열악하기 짝이 없었
으며 학과는 여전히 한문이 주가 되어 실상 서당과 견주어볼 때 그리
나을 것이 없었다.

  <소학교령> 제1조에는 "소학교는 아동신체의 발달에 유의하여 국민
교육의 기초와 그 생활상 필요한 보통지식과 지능을 授함을 本旨로 함"
이라는 교육목적을 제시하고 있다. 이에 따라 학부에서는 <소학교령>
을 종래의 서당에도 적용시켜, 서당을 초등학교 조직에 편제하여 공교
육체제로 바꿀 계획으로, 당시 분포도로 보나 숫자적으로 보나 관공립
학교에 비해 월등히 많았던 서당[7]을 활용하여 초등학교 교육을 확대시
키고자 하였으나 계획대로 실천되지는 않았다. 그 이유 중 하나는 일본
의 개입 하에 <소학교령>을 제정하고 소학교를 설립했다고 여긴 국민

---

5) 관보 제126호(1895.7.30. 8.2, 8.5, 8.6일자)
6) 吉川昭(2002), 『舊韓末近代學校의 形成』, ふるかわ海事事務所, p.15
7) 당시 서당이 16,540곳, 관공립소학교가 155개교, 사립학교가 2,027개교(민간계 1,272,
   종교계 755)였음. (김정효 외 4명(2005), 앞의 책 p.16 참조)

들의 반발 때문이었고, 다른 하나는 갑작스레 도입한 지배층의 서구식 교육이념이 반(反)서구적, 반(反)침략적 추세에서, 서당과 같은 구교육의 유산을 물려받은 사람들에게 충분히 납득되지 못한 채 시도되었던 까닭이었다. 게다가 당시 관공립소학교에서는 각 아문당 6명의 추천을 받아 60명을 선발한다는 규정을 제안함으로써, 사실상 구한말 명문자제들만을 위한 신교육기관으로 제한되는 결과를 낳게 되었다.

따라서 모든 아동에게 교육 수혜권을 평등하게 부여한다는 관공립소학교의 교육목적인 '국민기초와 그 생활상 필요한 보통 지식과 기능'은 현실과의 괴리로 인해 명목상의 구호에 그쳤으며, 실제로 당초 설정한 교육목적대로 운영되지 못한 채 공교육으로서의 초등교육 정립은 지연될 수밖에 없었다.

그러는 가운데서도 나라 발전과 부강을 위해 인재를 양성하고자 하는 국민들의 교육인식은 점점 개화되어 갔으며, 학교 수도 점차 늘어나게 되었다. 이 시기 관공립소학교 설립증가 실태를 <표 1> 에서 정리하였다.

〈표 1〉 관공립소학교 설립 증가 실태

지역＼연도	1895	1897	1899	1905	비　　고
서울(한성)	5	9	12	13	독립신문(1-10권), 황성신문(1-10권), 구한국관보(1-2권) 등을 참조함.
지　　방	37	40	61	100	
계	42	49	73	113	

당시의 신문을 참조하여 관공립소학교 설립 증가 실태를 살펴본바, 갑오개혁 이후 10년 동안 학교설립 수는 전국적으로 약 3배 정도 증가되었다. 그러나 이러한 증가추세에서도 관공립소학교에 여학생의 입학은 허용되지 않았다. 학부에서는 1899년 5월 22일 '여학교령 청의서'를

국가에 제출하였으나, 의정부 회의에서는 거론조차 하지 않고 유보하였으며, 1900년 1월 23일에는 국가가 '여자도 남자처럼 교육을 받아야 한다는 것.'을 정식으로 논의하기도 하였으나 재정이 부족하다는 이유로 부결되고 말았다.[8]

(4) 사립교육기관의 출현

갑오개혁 이전 국가에서 관장하는 교육의 주된 목적은 기존세력을 유지하기 위한 지배자인 관리의 양성에 있었기 때문에 소수의 특권 계층에게만 교육의 기회가 있었을 뿐, 대다수의 국민은 여기서 제외되어 있었다. 이에 따라 국가가 주도한 관공립소학교의 설립 기반이 취약하다고 여긴 지방관과 유생(儒生)들은 사립소학교 설립에 열성을 보였다. <소학교령> 제18조에는 '국가는 사립학교에 재정적 지원을 하는 한편, 지방관의 감독과 통제를 받도록' 하는 규정을 두고 있어, 갑오개혁 이후 통감부 설치 전까지 지방관과 유생들의 호응에 힘입어 그 수는 점차 늘어갔다.

한국 최초의 근대식 교육기관인 '원산학사'는 민중이 자발적으로 설립 운영했던 일종의 개량서당의 성격을 지닌 초등교육기관이다. 초기에는 서당교육에 근대적 교과내용을 첨가하여 개량 서당식 교육을 했다는 점에서 전통과 근대를 연계시킨 교육기관으로 볼 수 있다. 원산학사는 갑오경장 무렵 소학교와 중학교로 분리되었고, 일제시대에는 '원산보통학교'로 불렸다가 '원산제일국민학교'로 개명되어 해방 당시까지 유지되었다. 원산학사 이후 개인 또는 단체에 의하여 설립된 사립소학교를 당시 신문에 근거하여 <표 2>로 정리하였다.

---

8) 《황성신문》, 1900.2.7일자

〈표 1〉 초등학교 성립기 사립소학교

학교명	설립년도	설립자	장소	출전	비 고
원산학사	1883	덕원유지	원산	한성순보	후에 소학교와 중학교로 분리
흥화학교	1895	민영환	한성	황성신문	
한성의숙	1895	김종환, 평의원, 사회 유지	좌순청에서 동구안 대궐 앞 사헌부직방으로 옮김	독립신문 황성신문	기존의 을미의숙을 운영했던 유지들이 을미의숙이 폐지된 후 다시 설립한 학교, 후에 樂英義塾으로 개명함
중교의숙	1896	민영기	한성	황성신문	
대묘동 사립소학교	1897	대묘동 유지	대묘동	독립신문	
홍문석골 사립소학교	1897	리시션	리시션의 집	독립신문 황성신문	1898년 '홍문동사립소학교'로 개명
순성여학교	1898	한성북촌의 양반부인들	한성 承洞 (1902년 桂洞으로 이전)	독립신문 황성신문	후에 貞善여학교로 개명
洛淵義塾	1901	서광세	한성	황성신문	후에 普光학교로 개명
幼年여학교	1905	순천군 유지 부인들이 결성	순천	대한매일신보	
은슈의숙	1905	리교현, 리승구, 정환벽, 김연기, 김형규, 김종건, 리규복	해동리	대한매일신보	

　위의 사립소학교들은 개인 또는 단체나 사회 유지들의 힘으로 설립되었지만, 국가의 인가 아래 학제도 있었고 재정적 지원과 감독도 받으며 아동, 혹은 청소년에게 기초무상교육을 수행했다. 그러나 대부분 사립소학교도 공립소학교처럼 열악한 환경이었으며, 심지어는 책상조차 갖추어 놓지 못한 실정이었다. 특히 한성의숙은 조선인 관리와 유지들에 의해서 세운 학교로 '국민기초보통교육'을 목적으로 한 초등교육의 성격을 띠었다.

　<을사늑약> 이전에도 많은 사립학교가 설립되었으나, 그 교육수준

은 초등과 중등의 구별이 없는 교육단계조차 분명치 않은 상태였다.

이러한 사립소학교 단계의 필요성을 절감하여 학교제도를 확립하기 시작한 것은 1906년 이후였다. 1906년 10월 대한자강회(大韓自彊會)의 '의무교육실시건의서'와 '의무교육조례대요' 등은 중추원 의결을 거쳐 각의(閣議)에서 통과되었는데, 이러한 사실은 근대초등교육사상 중요한 의미를 가진다.

2) 통감부 시기

(1) 學部의 교육법령

일본은 1904년에 체결된 <한일협정서>에 따라 고문정치를 시작하였다. 1905년 <을사늑약>에 따라 동년 12월 통감부가 설치되고 1906년 8월 27일 <보통학교령>을 제정하였다.

<을사늑약>으로 말미암아 1906년 일본인 교육 참여관의 감독 아래, 한국의 교육은 일본인의 간섭과 의도에 의해 편성되었다. 이에 따라 전인교육을 위한 한국 최초의 교원양성기관인 한성사범학교에서 배출된 한국인 교사는 신교육에 대한 학식과 경험이 부족하다는 표면적인 이유와 '新學制'라는 명분을 내세워 보통학교에 일본인 교사를 파견, 임용함으로 한국교육을 일본인의 통제 아래 두려는 그들의 의도를 드러내기 시작한다.

일제는 1905년 행정개혁을 구실로 1,300만 엔을 차관형식으로 강제 대여하고, 이 중 50만 엔을 '학사혁신'이란 명목으로 할당하여, 학교설립과 시설의 신식화를 내세워 한국교육을 통제하려 하였다. 1905년 교과서 편찬위원회를 설치한 學部는 먼저 보통학교 교과서 편찬 작업에

착수, 1906년에 보통학교용 교과서 일부를 만들어 보통학교의 개교와 더불어 이를 사용하려 하였다.

여기에 일제의 숨은 의도는 조선인을 일본에 동화시키기 위한 교육적 지배였지만 전국 각지에서 조선독립을 외치는 상황에서, 통감부가 목표한 '동화교육'은 쉽게 표면화 될 수 없었다. 이에 따라 학부에서는 표면적으로는 '文明的인 敎育'이라는 기치를 내세웠지만, 그 실상은 조선에 대한 교육적 지배라 할 수 있을 것이다.

교과서 편찬은 1906년 2월 통감부(統監府)가 설치되어 <보통학교령>이 발포됨에 따라 더욱 박차를 가하게 되는데, 시데하라 다이라(幣原坦)의 사임에 이어, 미쓰치 주조(三土忠造)가 취임하여 주로 교과서 편찬에 관여하면서 1907년 조선인 교육의 행정권은 전적으로 일본인의 손으로 넘어가게 된다.

1908년에는 <학부령> 제16호로써 <교과용도서검정규정(敎科用圖書檢定規程)>을 공포하여 교과용도서의 검정과 인가를 받게 하였으며, 학생용과 교사용의 교과용 도서는 우선적으로 학부에서 편찬하기로 하였다.

통감부시기 학부의 교과서 내용에 관한 가장 중요한 심사기준은 '조선과 일본의 관계 및 친교를 저해하거나 비방하는 배일사상'의 내용유무에 있었다. 이 시기 통감부에서 교육제도를 정비한 주요 法令制定은 <표 3>과 같다.

〈표 3〉 日帝强占期 이전 한국에서의 교육법령

년 월 일		교　육　법　령
1895	7월 19일	小學校令
1906	8월 27일	普通學校令
	8월 31일	師範學校令, 外國語學校令, 高等學校令

1908	4월 2일	高等女學校令
	8월 26일	私立學校令
	8월 28일	學部令, 公立私立學校認定에 關한 規定, 教科書用図書檢定 規定公布
	12월 29일	成均館官制
1909	4월 27일	實業學校令, 改正普通學校令
	7월 9일	實業學校令施行規則, 高等女學校令施行規則, 師範學校令 施行規則, 高等學校令施行規則, 外國語學校令施行規則

학부는 국정교과서를 직접 편찬할 뿐 아니라 사립학교의 교과용 도서의 질적 개선을 도모한다는 명분 아래 민간인 저작 교과용 도서를 검정하였는데, 그 실상은 교육내용을 규제할 목적을 가지고 있었다. <교과용도서검정규정>(학부령 제16호, 1908. 8. 28)을 보면, 공사립보통학교의 교과용 도서는 '① 학부에서 편찬한 것, ② 학부대신의 검정을 받은 것, ③ 이상에 해당된 도서가 없을 경우 학교장이 학부대신의 인가를 받아서 다른 도서를 쓸 수 있다.'는 규정에 합당해야 했다. 또한 <사립학교령>(1908. 8) 제16조에 <사립학교 교과서에 대한 규정>도 앞의 <교과용도서검정규정>에 준하는 내용이 제시되어 민족의식·배일사상을 고취하는 내용은 배제하도록 통제하였다. 이에 따라 <보통학교령>기의 한국교육은 '구국'과 '식민지화'라는 서로 병행할 수 없는 목적이 다른 교육으로 대립하는 이중구조에 놓이게 된 것이다.

(2) 교과목과 수업시수

학부는 1909년 4월에 <보통학교령>을, 같은 해 7월에 <보통학교령 시행규칙>을 개정하여 보통학교의 교육과정과 교과목의 매주 교수시수를 개편하였다.

<보통학교령> 제2장 제6조에 의하면 보통학교의 교과목은 수신, 국어, 한문, 일어, 산술, 지리, 역사, 이과, 도화(圖畫), 체조의 10개 과목으로 설정하였으며, 여학생은 수예를 더하고 사정에 따라 창가, 수공, 농업, 상업 중 한 과목 혹은 몇 과목을 반드시 더 하도록 하였다. 이전의 교과목과 비교하여 보면 독서와 작문, 습자가 국어로 통합되었고, 본국지리와 외국지리가 지리로 통합된 후 다시 본국역사와 함께 역사, 지리로 통합되고, 재봉이 수예로 명칭이 변경되었고 한문이 새로 추가되었다.

또한 외국어 과목이 일어로 바뀌면서 편제의 순서상 이전 시기에 가장 마지막으로 제시되었던 외국어가 국어, 한문 다음으로 산술보다 먼저 제시되었으며, 시간수도 6시간으로 국어, 산술과 같은 비중으로 다루어졌다. 또한 창가와 수공, 농업, 상업이 새로 추가되었는데 이는 實事求是를 명분으로 하면서 보통학교 교육과정을 기초교육보다는 생활교육 위주로 실용성을 강조한 때문으로 볼 수 있다.

종래의 <소학교>는 <보통학교>로 개칭되었고, 수업연한을 4년으로 하였으며, 보통학교 교과에 日本語가 필수과목으로 추가[9]되었다. 또한 지리, 역사의 경우도 실제로 시간 수는 별도로 배정되어 있지 않고, 국어와 일어 교과에서 역사나 지리와 관련된 내용을 포함하여 다루도록 하였다.

1909년 5월 당시 학부에서 발간한 보통학교용 교과서는 수신서 4권, 국어독본 8권, 일어독본 8권, 한문독본 4권, 理科書(日文) 2권, 도화감본(圖畫監本) 4권, 習字帖 4권, 산술서(교사용) 4권 등 총 7종 41권이었다. 개편된 보통학교 교육과정과 교수시수는 1906년의 것과 거의 비슷하나 내용에서 주목할 것은 「국어」와 「한문」 두 과목을 「국어 및 한문」 한 과목으로 통합하고 시간수도 남자 10시간, 여자 9시간으로 조정하였

---

9) 朴英淑 「解題 第一期『普通學校國語讀本』について」, 朝鮮總督府編纂『普通學校國語讀本』에 所收. 참고.

다. 이처럼 수업시수를 달리 배정한 것은 아직은 여성교육에 대한 인식이 낮았음을 의미한다.

　본격적으로 일제강점기에 들어서면 타 과목에 비해 일본어에 대한 시수가 급격히 증가함을 알 수 있다. 여기서 통감부 시기와 일제 강점기 전반에 걸쳐, 각 시기에 따른 학년별, 과목별 주당수업시수를 <표 4>로 정리하였다.

〈표 4〉 조선에서의 수신·조선어·한문·일본어의 주당 수업시수

| 학년 | 통감부 (1907) | | | | 제1기 (1911) | | | 제2기 (1922) | | | 제3기 (929) | | | 제4기 (1938) | | | 제5기 (1941) | |
	수신	조선어	한문	일어	수신	국어(일어)	조선어(한문)	수신	국어(일어)	조선어	수신	국어(일어)	조선어	수신	국어(일어)	조선어	국민과 수신·	국어
1	1	6	4	6	1	10	6	1	10	4	1	10	5	2	10	4	11	
2	1	6	4	6	1	10	6	1	12	4	1	12	5	2	12	3	12	
3	1	6	4	6	1	10	5	1	12	3	1	12	3	2	12	3	2, 9	
4	1	6	4	6	1	10	5	1	12	3	1	12	3	2	12	2	2, 8	
5								1	9	3	1	9	2	2	9	2	2, 7	
6								1	9	3	1	9	2	2	9	2	2, 7	
계	4	24	16	24	4	40	22	6	64	20	6	64	20	12	64	16	62	

* 제1기(보통학교시행규칙, 1911. 10. 20), 제2기(보통학교시행규정, 1922. 2. 15), 제3기(보통학교시행규정, 1929. 6. 20), 제4기(소학교시행규정, 1938. 3. 15), 제5기(국민학교시행규정, 1941. 3. 31)

3. 개화기 보통학교 교과서

　신교육 사상이 고조되자 많은 사립학교가 설치되고 많은 교과서가 편찬 발행되었다. 대한제국의 '學部'에서 편찬, 발간된 교과서는 갑오개

혁의 기본정신인 자주독립과 역사적 주체성을 교육을 통하여 실현코자한 실증적 방안이었으며, 급변하는 세계정세나 시사, 과학 등 근대적 지식의 보급과 수용에 역점을 두었다. 이는 당시 정부요인뿐 아니라 지식인 대부분이 참여하여 간행한 의지와 희망의 표현이었다.

당시 학부에서 편찬한 교과서는 공립학교에만 겨우 공급되었고, 사립학교에서는 독자적으로 사립학교용 교과서를 채택하는 이중적 교과서 운영체계였다.

한말의 교과서는 학부편찬의 소수를 제외하고는 대개가 개인 저술의 검인정 교과서나 학교자체에서 편집, 발행하는 자체생산의 다양한 출판상태였다. 이렇듯 신교육 실시에 따른 의욕에 비해 교재의 제작 공급은 만족스럽지 못해서 학교별로 자체 교과서의 편찬제작이 성행했는데, 특히 「휘문의숙」, 「양정의숙」, 「보성중학교」 그리고 기독교계 학교에서 자체 발행이 많았다.

그러나 통감부 설치 이후 학부가 일제의 지배하에 넘어가게 되면서부터 학부 발간 교과서에는 갑오개혁에 의한 민족적 주체성은 점차 소멸되어갔다. 그 가운데서도 사립학교용 교과서는 민족주체성, 자주독립사상 함양을 목적으로 하였기 때문에 민족교육에 커다란 사상적 영향을 끼쳤으며, 반일적인 특색을 갖고 있다. 이러한 사립학교용 교과서의 철저한 반일, 독립사상을 저지하기 위하여 일제는 1908년 <사립학교령>을 공포하여, 이제까지의 독립적으로 자유롭게 발간 사용하던 교과서를 통제하고, 동년 <교과용도서검정규정>을 재차 공포함으로써 모든 교과서의 <사전검정제도>가 신설되었다. 이러한 규정은 차후 민족교육을 위한 교과서 발간을 더욱 어렵게 하였으며, 내용면에서도 민족사상과 반일사상 등이 배제된 교과서로 변모되어갔다.

이로써 일제는 조선통제에 적합하지 않는 사립학교 교과서를 일제히 정리하고, 정치적 목적에 걸맞는 친일적 어용교과서의 편찬사업을 계획하는 일에 착수하게 된다.

그러나 실제로 사립초등학교들은 <사립학교령>에 따르지 않고 학교마다 상이한 편제와 교과목으로 초등교육을 실시하였다. 공립학교가 3학년부터 이과를 가르치기 시작한 것과는 달리 사립학교의 경우 2학년부터 시작되며, 3학년에 '본국지리역사대요', 4학년에 '본국역사', '외국지리대요'를 가르치는 것으로 고시되어 있다. 또한 사립학교의 경우 외형적으로는 초등교육기관인지 중등교육기관인지 구별하기 어려울 정도로 학교 급간의 구별도 분명치 않았음을 알 수 있다.

① 수신 교과서

최초의 수신교과서는 1895년 11월 학부의 편집국에서 신간으로 발행한 『소학독본』이 있다. 전체가 5개 단원으로 제1단원은 立地, 제2단원은 勤誠, 제3단원은 務實, 제4단원은 修德, 제5단원은 應世로 구성되어 있는 국한문 혼용체로 역사적인 인물의 명언을 각단원에 맞게 서술되어 있다. 이어서 1896년 발행된 『숙혜기략(夙慧記略)』은 아동이 태어나서 20세까지 본받을 성현과 김시습 등 우리나라의 인물을 중심으로 국한문혼용체이다. 통감부 시기 1907년에 학부편찬 수신서가 발간되자 사립학교를 중심으로 다양한 수신서가 편찬 되었다. 대표적인 수신서로는 박정동의 『초등수신』과 안종화가 역술한 『초등윤리학교과서』가 있고, 중등용으로는 휘문의숙에서 편찬한 『중등수신교과서』와 신해영이 편찬하여 보성중학교에서 사용한 『윤리학교과서』 등이 있다. 소학교령기의 수신과목은 제 1교과로서 설정되어 있기는 하나, 교과서의 종류도

다양하지 못하고 교육과정도 정착되지 못했다. 보통학교령기에 출판된 초등용 수신, 윤리교과서는 10여종에 달하며, 국어 교과서로 분류된 교과용 도서 중에도 많은 내용이 수신에 해당된다.

② 한국어 교과서

우리나라 최초의 한국어 교과서는 1895년 7월 대한제국 학부에서 발행한『국민소학독본』인데, 국한문혼용체로 삽화가 없는 것이 특징이며, 동서양의 성인과 조선 유명 인물들이 많이 등장한다. 이어 다음해 1896년 대한제국의 학부에서 고용한 일본인 보좌관 다카미 히사시(高見龜)와 아사카와 마쓰지로(麻川松次郎)의 기획에 의해 편찬된『新訂尋常小學』(권1~권3)은 삽화가 삽입되어 있다. 한편 통감부시대의『國語讀本』은 1907년 2월 學部에서 직접 편찬 발행한 교과서로서 편집만 조선에서 하고 인쇄는 일본의 大日本圖書株式會社를 거쳐 발행되었다.

갑오개혁 이후부터 일제강점초기까지 발간된 조선의 교과서를 <표 5>10)로 정리하였다.

〈표 5〉 1895~1910년 발간 교과서 일람표

서 명	발행년월	편제, 구성, 규격 및 내용
(讀本類) 國民小學讀本	1895. 7 (음)	144면 31課 한지(韓紙) 한장본(韓裝本). 갑오개혁 후 학부(學部) 편찬 신교육용 국한문 혼용체 장문형(長文型)의 한국어 교과서
小學讀本	1895. 仲秋	60면 5단원 한지 한장본. 장문형 국한문 혼용체, 역사적 인물중심 서술
新訂尋常小學	1896	3권 3책, 1권 : 56면, 2권 : 76면, 3권 : 98면, 한지 한장본. 학부 신간 한국어 교과서. 일본인 편찬 참여. 일본 풍속과 의상을 그대로 삽화 사용. 단문형 국한문 혼용체

---

10) 韓國學文獻研究所(1977),『韓國開化期敎科書叢書』1-20, 아세아문화사 / 宋炳基 朴容玉 徐柄漢 朴漢高,『韓末近代法令資料集』Ⅰ-Ⅸ, 大韓民國國會圖書館 참조

幼年必讀	1907. 5. 5	韓末 학부 검인정 초등학교 아동용 교과서. 현채(玄采) 저. 편찬자의 의도는 대상을 유년 장년 노년충까지 전국민이 애독한 대표적 반일 교과서. 1909년 5월 5일자로 금서 조치
初等女學讀本	1908. 3	여자용 한국어 교과서. 李源競 저, 邊瑩中 발행. 구교육의 女誡, 內訓, 家訓, 「女子修身教科書」와 같은 내용을 「國語讀本」으로 大韓教科書目錄에 기록
蒙學必讀	미상	초등저학년용 한국어 교과서. 崔在學 편술. 한글의 편성 조직 단어구성 과정의 학습을 위한 방법으로 편제. 천도교 배경의 보성관 간행으로 추측. 학부 미검인정
勞動夜學讀本	1908. 7	兪吉濬이 편찬한 한국어 교과서. 兪吉濬이 <勞動夜學會>의 고문 재직이 편찬연유. 1909년 '치안법위반'으로 금서
幼年必讀釋義	1907	「幼年必讀」의 현채 편찬의 교사용 지도서. 3면 미만을 注意, 關心, 力點 등 10개 소단원 구체 설정. 1909년 5월 5일자 금서조치
初等小學	1906. 10	매권 70~80면의 8권 4책. 국판보다 약간 큼. 국한문혼용체. 양지(洋紙) 양장본. 일종의 국어독본. 4년간에 8권. 1학년에 한글을, 점차 고학년으로 국토, 역사, 인물, 애국심에 이어서 世界事情에서 폭넓은 교양을 학습토록 편제
樵牧必知	1903	상하 1책. 한글 위주에 신출 한자 훈음 학습편리. 국판 142면. 양지 양장본. 鄭崙秀 저, 南宮憶 교열, 安泰瑩 발행. 무학자에게 문자를 해득하도록 편제된 독학용 속성 한국어 교과서
高等小學讀本	1906. 11	2권 2책. 2권은 1907년 1월 발행. 「휘문의숙」 편찬. 「휘문의숙」의 숙장 장지연의 자주독립사상 작용. 1910년 10월 26일자 발매반포 금지
最新初等小學	1908. 7	초등용 한국어 교과서. 4권 2책 편술 겸 발행자 鄭寅琥의 명의로 발행. 한글 기초. 상단에 교사용 소주(小註)와 일자별 진도를 표시하여 교수(敎授)에 중점. 1910년 10월 26일자 발매반포 금지
初等小學	미상	저작 및 발행 보성관. 초등용 한국어 교과서. 애국애족과 자주독립을 구현할 목적으로 발행되었을 것으로 추정
普通學校學徒用「國語讀本」	1906	1907년 2월 학부편찬 한국어 교과서. 인쇄는 大日本圖書株式會社에서 발행. 초판은 「國語讀本」으로, 1908년 「訂正普通學校學徒用國語讀本」으로 재판발행. 4년제에서 1년에 2권씩 8권 8책. 학부의 보통학교용 한국어 교과서는 1908년 3월 8권 발행으로 끝
普通學校學徒用「日語讀本」	1907~1908. 3	1908년 3월 학부편찬 일본어교과서. 인쇄는 日本의 大倉書店. 초판은 「日語讀本」으로, 합병후 내용을 수정 보완하여 1911년 「訂正普通學校學徒用國語讀本」으로 재판발행. 4년제에서 1년에 2권씩 8권 8책
新編初等小學	1909. 9	6권 6책. 편집자 현채, 발행 겸 총발매소 東美書市. 1909년 8월 28일자 사립학교 朝鮮語科 초등교육 학도용으로 학부의 검정필 초등학교용 한국어 교과서. 1913년(조선총독부편찬 한국어교과서 출판 전)에 재판 발행 사립학교용 한국어 교과서로 사용

녀ᄌ독본	1908. 4	여성교육 전용 편찬의 한국어 교과서. 편집 장지연, 廣學書舖 발행. 상권은 현모양처의 업적을 열거하고, 하권은 중국과 서양 여성들의 헌신적 활동을 서사하여 여성교화. 1910년 11월 16일 출판법 12조, 16조로 발매 금지
婦幼獨習	1908. 7	여성교육용 한국어 교과서. 姜華錫 저, 李駿求 발행. 가정독학용 특별편찬. 상권은 기초한자나 훈음으로 成語하고 한글해석. 하권은 상단에 2자 식 한자숙어, 하단에 국한문혼용의 속성 국한문학습
(修身書類) 夙慧記略	1896	78면. 서문 발문 첨가. 국한문 혼용체. 한지 한장본 4·6배판. 초등학교 임시 「修身敎科書」 대체용. 조선과 중국 성현들의 고사중심으로 편집. 유교식 방법과 내용 답습
初等修身	1909. 4	朴晶東 저, 同文社 발행. 74면. 국한문혼용체 국판 양지 양장본. 학부검정필. 사립학교 수신서 초등교육 학도용으로 발행된 수신교과서. 총 5장 65소단원에서, 신체, 가정윤리, 치선 등 인간 수신으로 일관
中等修身敎科書	1906. 9	휘문의숙 편집부 편찬, 휘문관 발행. 상 2권, 하 2권의 4권 2책. 국판 국한문혼용체 양지 양장본, 일제의 「私立學校令」(1908년)과 「敎科用圖書檢定規定」(1908년)의 공포 전에 사립학교 독자적으로 편찬한 수신교과서의 중학교 저학년용. 1910년 11월 16일자로 일제에 의하여 발매 금지
高等小學修身書	1907. 8	휘문의숙 편집부 편찬, 휘문관 발행. 102면. 1권 1책. 국한문혼용체. 국판 양지 양장본. 국가 민족의 정신적 지도자를 양성코자, 중등학교 고학년용 수신서
普通學校學徒用 「修身書」	1907. 2	4권 4책. 권1 48면, 권2 58면. 권3 48면. 권4 44면. 국한문혼용체 국판 양지 양장본. 학부 편찬 발간. 일본 三省堂 인쇄. 학부편찬 교과서는 일제의 어용적 교과서로 사립학교에서 환영을 받지 못함
倫理學敎科書	1906	申海永 편술, 보성중학교 발간. 4권 2책. 국한문혼용체. 국판 양지 양장본. 중학교 수업 년한 4년에서 4권. 애국, 애족사상의 확립과 국제교류의 새로운 시대적 요구를 반영
初等倫理學敎科書	1907. 9	安鍾和 역술, 廣學書舖 발행. 1권 1책, 54면. 국한문혼용. 국판 양지 양장본. 중국 吳尙 저의 「初等倫理敎科書」를 安鍾和가 번역. 편제의 내용이 다른 수신교과서와 비슷
녀ᄌ소학슈신셔	1909. 2	盧炳喜 저술, 교열 梨花學堂長 富羅伊, 進明女學校學監 餘袂禮黃 養源女學校長 伊高羅, 박문서관 발행. 1권 1책 78면. 한글전용. 국판 양지 양장본. 서양부인 교열자는 수신교과서에 서양 생활양식 취급으로 정확성 기도. 완전 한글 사용의 여자용 수신교과서로 읽기 편리 도모. 여자의 기본인 숙덕, 가사, 의복, 예절 등 삼강오륜을 취급
(歷史書類) 朝鮮歷史	1895. 仲秋	학부편집국간행, 3권 3책. 4·6배판(28.4x18.5cm), 국한문혼용체. 편년체 개설서, 한지 한장본. 왕중심의 편년체, 중세적 역사서술방식 답습. 실학계통의 삼한정통론 계승 단군, 기

		자, 마한, 신라로 이어지는 정통성 인정. 신라통일 중심으로 고구려, 백제 서술. 년기는 간지(干支)로 상단 공백에 서기 표시
朝鮮歷代史略	1895. 孟冬	학부간행 고등용 국사교과서. 3권 3책. 4·6배판 (28×18.1cm) 한지한장본 순한문체. 중국과 조선의 왕기를 동시 사용. 상단공백에 서기. 권두 총목법칙에 편찬 원칙. 주자강목에 따라 삼국시대의 왕기를 동시에 각각 기록 하나의 편년으로 서술
東國歷代史略	1899	학부편찬 고등용 국사교과서. 2권 3책 4·6배판(30.5×20). 고활자본(整理字)한지 양장본. 순한문체. 단군에서 고려까지 왕실 주변사를 단편적으로 나열한 편년체 개설서. 三조선설을 계승. 제국주의의 침략성을 간파하지 못하고 투철한 민족의식도 찾기 어려움
大韓歷代史略	1899	2권 2책, 학부편찬「東國歷代史略」의 이조편. 「東國歷代史略」이 2권3책, 「大韓歷代史略」 2권2책의 이조사가 발간. 표지에 「大韓歷代史略 四, 卷七 本朝紀」로, 6권 3책으로 끝난「東國歷代史略」의 同一書
朝鮮略史十課	미상	대한제국 학부편찬. 초등용 국사교과서. 1책 46면. 4·6배판 (29.3×18.1cm) 국한문혼용체. 목활자 한지한장본. 「조선역사」 표제인데, 본문 제명에 모두 「朝鮮略史十課」로. 1895년 학부편찬의 「朝鮮歷代史略」을 체재만 바꿔 그대로 발췌. 각과마다 각국별로 시조, 건국에 이어 관제, 성진, 학교, 사원, 의관, 공예, 외교 등을 간략설명
普通敎科東國歷史	1899. 9	5권 2책. 국한문혼용체 국판(23.4×16.2cm) 양지 한장본. 현채 편찬의 학부불인가 초등학교용 국사교과서. 책머리에 단군, 기자, 위만조선, 삼한기를, 1권에 삼국기, 2권에 통일신라기, 3권 4권 5권에 고려기를 수록
初等大韓歷史	1908. 7	鄭寅琥 편집, 張世基 교열, 초등용 역사교과서. 1책 180면, 국한문혼용체 국판(22.7×15.4cm) 양지 한장본. 단군에서 이조까지 개설한 초등역사서. 고대사는 단군, 기자, 위만조선, 삼한으로, 삼한에서 백제, 신라, 가락으로 체계화. 주제별 편, 장, 절, 민족적, 국가적 사실을 서술. 단군 초상 및 고조선과 삼한의 지도, 삼국정입도 등
東國史略	1906. 6	일본인 중학생 역사 저서를 현채 역술, 4권 2책. 국판 (22.3×15.1cm) 양지 한장본, 국한문혼용체. 왕중심의 태고, 상고, 중고, 근대로 시대구분한 편년체 서술의 표제「中學敎科東國史略」. 1909년 5월 5일자로 학부불인가 및 내부대신 발매금지도서로
初等本國歷史	1909	安鐘和 저작의 초등용 국사개설 교과서. 국판 양지 한장본 국한문혼용체. 건국 기사를 간략하게 서술, 각장마다 「○○○문화」난 설정이 타서와 차이. 상고, 중고, 근고, 국조의 4장으로. 단군~삼한을 상고로, 삼국~통일신라를 중고로, 고려를 근고로, 이조를 국조로 구분
大東歷史	1905	崔景煥 편집, 鄭喬 평열. 5권 2책, 4·6배판(31.4×20.1cm) 한

		지 한장본. 1책은 단군~삼한의 통사, 2책은 鄭喬 편집 단군~삼한의 편년체 개설서. 한말 지사 독립협회 핵심인 秋人 鄭喬(후일 「大韓季年史」도 편찬)의 주도와 同會員 崔景煥, 劉鎬植의 자료수집 편찬
大東歷史	1905	12권4책, 국판(23×15.7㎝) 활자체 양지 한장본, 학부불인가의 단군~통일신라의 편년체 국사교과서. 1905년 崔景煥 편집의 「大東歷史」를 발간한 뒤, 삼국기와 통일신라기를 추가 활자체 양지 한장본으로 외형 변경 후 교과서로 사용
初等大東歷史	1908. 8	朴晶東 저작 학부검정의 私立學校初等用 개설서적 역사교과서. 1책 90면, 국판(22.2×15.2㎝) 양지 한장본, 국한문혼용체. 민족적 사건, 역사적위인, 명장, 대외항쟁사에 비중을 두어 제국주의 침략에 대한 저항, 민족의 자주독립을 위한 민족의식의 표현. 朴晶東 홍사단 편집부장이 편찬한 홍사단발간의 「初等本國略史」(1909)와 체재, 내용이 거의 동일
大東歷史略	1906	대한국민교육회 편찬 보통학교용 국사개설서. 7권 1책 250면. 국판(22.5x15.8cm) 국한문혼용체 활자체 양지 한장본. 상고~고려말의 신라중심으로 고구려, 백제를 추가로 기술하여 신라에 정통성 부여. 편년체 왕중심의 간략 나열. 위만 및 한사군은 배제
대한력ᄉ	1908	H.B.Hulbert와 吳聖根 공저. 4·6배판(25.7x18.8cm) 활자체 양지 한장본 순국문. 서술방법 내용, 체재 등을 전통적 구사체로. 왕중심의 편년체로, 기자조선의 세계를 상세히 밝혀, 삼한정통론에 따라 고대사를 체계화시킴
新訂東國歷史	1906	元泳義·柳瑾編輯, 張志淵校閱 學部不認可 編年體 初等 歷史敎科槪說書. 2권 2책 330면 菊判(22x15cm) 국한문혼용체 양지 한장본. 元泳義, 柳瑾, 張志淵은 1898년 國漢文混用의 「皇城新聞」 창간으로 獨立精神, 近代化意志, 民族意識 투철. 三國紀를 各國別로 서술. 중요사건, 의심사항에 史論을, 古地名을 考證 地名 및 현 위치 밝힘
國朝史	미정	元泳義의 구술(口述)을 채록. 1책 200면 국판(21.5x15cm), 프린트본. 국한문혼용체 編年體槪說書. 표지, 서, 판권 등이 없어, 어떤 교재인지 알 수 없음. 서두에 「國朝史, 元泳義口述」 이조역사, 발간년도는 한일합방 직전으로 추정
初等本國歷史	1908	柳瑾 저, 安鍾和·張志淵 교정. 1책 62면. 국판(22.3x15.2cm)의 활자체 국한문혼용 양지 한장본. 초등용 역사교과서. 단군~이조 건국중심 간략 서술. 고대사는 단군, 기자, 위만의 삼조선을 중심으로 체계화, 삼한시대는 봉건시대로 설정하여 서술
초등대한력ᄉ	1908	조종만 편찬 순국문국사 초등용교과서. 1책 88면. 국판(21.6x15.1cm) 순국문체 양지 한장본. 민족의식의 발로로 편찬되었으나, 「初等本國歷史」를 純國文으로 풀어서 역술한 것 외에는 편찬자의 어떠한 의도도 가미되지 않음

新撰初等歷史	1910	柳瑾 著, 장지연 교열. 편년체 국사교과서. 3권 3책 300면. 국판(22x15cm) 국한문혼용체 양지 한장본. 학부검정 초등용 편년체 국사교과서. 廣德書館 발행. 단군~일제통감부 설치까지. 단면적 왕년대기 같은 성질. 학부검정을 위해서인지, 통감부설치와 일제침략을 인정, 민족교육 측면 고려 못한 오류
初等本國略史	1909. 9	朴晶東 저. 興土團 발간. 2책 164면. 국판(22.3x15cm) 국한문혼용체 양지 한장본. 학부검정의 초등용 역사교과서. 朴晶東이 1909년 8월에 발간한 「初等大東歷史」와 같은 내용, 체재. 사건, 위인, 명장 중심 서술

4. 조선에서의 일본어 교육

1) 〈을사늑약〉 이전의 일본어 교육

일본어 교육은 식민지 조선이라는 식민지의 특수한 상황에서 동화정책 중에서도 가장 기본적인 수단으로 중요시되었다. 이는 말과 역사를 정복하는 것이 동화정책의 시작이요 완성이라는 의미였을 것이다. 이미 통감부 시대부터 이 같은 의도로 일본어를 가르쳤다는 것은, 교육부분에서는 사실상 일제의 식민화가 상당히 진행되고 있었다는 것을 잘 나타낸 예라 생각된다. 이와 같은 의도를 간파한 조선의 민족지도자들은 일제가 학부 교과서를 편찬하려는 움직임에 대해 민족지도자나 구국지사들을 주축으로 다음과 같은 이유를 들어 맹렬하게 반대운동을 전개하였다.

① 외국인에게 교과서 편찬을 의뢰하는 것은 부당하다.
② 자국이 저술한 것을 사용하는 것이야말로 애국심을 고취할 수 있다.
③ 외국, 일본이 자국보다 우수하다는 것은 자국정신을 감축시키는 것이다.

④ 일본어 학습을 중하게 여기는 것은 노예근성을 기르는 것 이
외 쓸모가 없다.11)

이와 같은 우려에 대해 학부에서 교과서 편찬에 관여한 미쓰지 주조
는 "한일 양국은 밀접한 관계에 놓여 있기 때문에 일본어를 이해하는
자는 장차 관리로서 높은 지위에 등용되기 쉽고, 상인 또한 이익을 얻기
쉬우며, 취직할 때도 유리하다"는 주장을 내세우기도 하였다.12)

근대조선에 있어서 일본인에 의한 일본어 교육은 1891년 6월 경성에
개설된 日語學堂에서 시작된다. 교장 겸 교사로 부임한 오카쿠라 요시
사부로(岡倉由三郞)13)에 의한 이 日語學堂의 설립 목적은 한일교섭의
통역자를 양성하기 위한 것이었다. 이 日語學堂은 갑오경장을 추진하기
위한 근대교육제도의 하나로서 1895년 5월에 공포된 <外國語學校官
制>에 의해서, 정식으로 외국어학교 산하 관립일본어학교가 되었다.

초기의 일어학교는 관 주도하에 한성(서울)을 중심으로 설치되었으
나, 1896년부터 1898년에 걸쳐 「경성학당」, 「호서학당」과 같은 일본인
의 단체 혹은 개인이 설립한 일어학교가 주로 서울이남 지역에 들어서
게 되고, 1899년에는 평양에 「평양일어학교」에 이어 순수 민간 한국인
유지에 의한 「낙연의숙」, 「한양학교」 등이 속속 등장하게 된다. 이어서
인천에 「官立仁川港外國語學校」, 경성에 「日語學校」, 부산에 「開成學校」
등이 세워지고, 1899년에는 平壤, 京城, 城津에 일본어 학교가 설립14)

---

11) 강윤호(1973), 『개화기의 교과용도서』, 교육출판사, p.113.
12) 高橋浜吉(1927), 『朝鮮敎育史考』, 帝國地方行政學會朝鮮本部, pp.169~170.
13) 岡倉由三郞(1868~1936) 明治, 大正, 昭和期의 영어학자. 오카쿠라 덴싱의 동생.
    1891년 조선정부로부터 초청받아 일본어학교를 창립. 1896년부터 1925년까지 東京
    高師 英語科主任.
14) 이는 일제가 발행한 문서에 의한 것으로 다소 오류가 있다. "일제는 동학혁명을 좌절
    시키고 청일전쟁에서 성공한 후 조선에 친일적인 갑오개혁 정부를 세워 과거제를 폐

됨에 따라 일본어 교육은 점차 한국 땅에 뿌리내리게 된다. 이러한 일어 학교의 개설은 1904년에 10개교, 1905년에 22개교를 정점으로 하여 1906년에 16개교에 달하여, 지역별, 설립 주체별로도 전면적으로 전개되었다. 일본어 학교 개설이 1905년에 절정을 이룬 것은, 1904년에 시작된 러일전쟁의 전황이 일본에 유리한 쪽으로 전개된 것이 주된 원인이라 할 수 있을 것이다.

1895년 7월에 공포된 <소학교령>에 의하여 설립된 관공립소학교나 중학교에서도 외국어(일본어)를 추가로 설치할 수 있도록 하였는데, 실제로 선택과목으로 일본어 교육을 행한 학교는 한성사범부속소학교(고등과)와 한성중학교뿐이었다. 따라서 이 시기의 일본어 교육은 관립 일어학교를 중심으로, 일부의 관립소학교나 중학교, 그리고 민족계 사립학교에서 부수적으로 실시된 것으로 볼 수 있다.

한편 일본어는 <소학교령>기 까지는 단순 외국어로 취급되다가, <보통학교령>기에 들어서면서 그 효용가치가 높아짐에 따라, 통감부설치 이후에는 독립된 교과목으로 선정된다. 시간도 국어, 산술과 함께 주당 6시간이 배정되기에 이르러, 급기야 주요 교과목으로 부상하게 된다. 이에 따라 학제에 맞는 교과서 편찬이 시급하게 되어 學部에서는 관공립학교의 일본어 교과서로『日語讀本』전 8권 8책을 편찬 공급하게 된다.

이 밖에도 초급자를 위한 일본어 독습서로 육종면(1909)의『대속성 3개월 일어독습서』15)와 정운복(1909)의『독습일어정칙』16)이 있다. 이

지하고 새로운 소학교 교과서 편찬을 결의했다. 고종황제는 1895년 <교육입국조서>와 더불어 신학제를 시행하며 소학교를 설립했지만 이는 모두 일본의 세력을 배경으로 일본 교육칙어와 학제를 모방하여 교육의 기준을 정한 것이었다. 그리고 갑오개혁 정부가 의무교육의 실시를 결정한 것은 성급한 정책이었고 예산과 교원의 부족 그리고 교과목에 있어 한문과 習字의 교수는 서장과 다를 바 없었다."고 일제는 평가했다.(大藏省管理局編(2000),『日本人の海外活動に關する歷史的調査』, 東京 : 紀伊國屋書房, pp.3~4 참고)

두 독습서는 정치, 법률, 학교, 산업, 지리 등 인문사회 전반에 걸쳐 다양한 주제를 다루고 있으나, 우리말에 단어를 대응시키는 것으로 일본어 문장이 될 수 있다는 전제하에, 1과부터 마지막 과까지 같은 난이도로 다양한 문장을 제시하는 정도로, 체계적인 교과서로 보기에는 미흡하다.

2) 통감부의 교육정책과 『日語讀本』

1900년 한국정부의 학부 고문으로 부임한 시데하라 다이라는 "천년의 문은(文恩)에 대해서, 보답해야 할 좋은 기회가 열렸다."라며 일본문물의 적극적인 조선이입을 꾀하려고 하였다. 일본정부는 1905년 10월 한국 통치방침을 검토하여 "교육은 한국 신민으로 하여금 일본에 감화시키게 하는 것을 주안으로 한다."라는 조선민족의 교육지배의 기본 노선을 정했다. 1905년의 <을사늑약> 체결 후 일본의 침략으로부터 국권을 회복하기 위해서 애국계몽운동이 활발히 전개되었고, 이는 서당과 사립학교의 증가로 나타난다. 일제는 이를 무마시키기 위해서 '문명적 교육'이라는 이론적인 무기로 1906년 8월 <보통학교령> 및 <보통학교령시행규칙>을 공포하고, 동년 9월 1일부터 시행하게 된다.

<보통학교령>이 이전 1895년의 <소학교령>과 크게 다른 점은, 새로운 교과목으로 일본어가 추가된 것이었다. 이에 대해 대부분의 국민들은 아동들이 일찍부터 일본어를 배우는 것에 대해 매우 걱정스러워했다. 아직 한글도 완전하지 않은 아동에게 매주 6시간씩 4학년까지 배

---

15) 육종면(1909), 『일어독수서』, 해동서림(한성)
16) 정운복(1909), 『일어정칙』, 경성일보사(경성)

정한 것은 아동에게 외국 혼을 주입시켜 국민성을 **빼앗을** 우려가 있다고 비판하였다.17) 그러나 시대가 변해감에 따라 실용을 위한 외국어로써 교육되었던 일본어가 통감부 이후 주요교과목으로 부상하게 된다.

 <보통학교령시행규칙>에 의하여 통감부기 조선에서의 일본어 교육은 간단한 일어를 이해시키고 처세를 위한 것을 목적으로 하였기 때문에 그 내용 또한 지극히 실용적인 것이 주가 된다. 이는 이 시기 조선에 시행하였던 일본어 교육이 「국어 및 한문」에서 추구하였던 장래적 필요성보다는 현실적 필요성에 의한 것임을 말해준다. 그런 점에서 당시 '思想表現 및 智德啓發의 手段'으로써 인간성 육성이라는 역할이 부여된 「국어 및 한문」은 「국어」과목으로, 일본어는 「외국어」과목으로 자리잡게 되었다.18)

 『日語讀本』은 당시 學部의 편수과장 오다 쇼고(小田省吾)와 편수관 다치가라 노리토시(立柄敎俊), 장학관(視学官) 이시다 신타로(石田新太郎)에 의해 편찬되었다. 일본정부가 바라던 바, 정치적 목적에 의하여 조선 아동을 대상으로 편찬된 『日語讀本』은 관공립소학교의 정식교과목으로 선택되었다. 4년제였던 당시 보통학교의 수업연한에 맞게, 한 학기에 한 권씩 4년 동안 모두 8권 8책을 이수하도록 구성하였다.

 『日語讀本』은 내용 전체가 일본어로 되어 있으며, 외국어로서 일어를 일본의 문화와 함께 쉽고 빠르고 정확하게 습득할 수 있도록 체계적으로 구성되어 있다. 특히 『日語讀本』의 편찬에 일본인이 직접 참여한 관계로, 그 내용을 보면 일본어 교육은 물론이고, 각 학년별로 근대일본의 발전상황이나 일본의 행정체계, 지도 또는 삽화에 있어서 등장인물의 의상이나 머리모양 등 일본인의 풍속이나 의복이 그대로 사용되고

---

17) 古川昭(2002), 앞의 책, pp.74~86 참조
18) 久保田優子(2005), 『植民地朝鮮の日本語敎育』, pp.98~99 참조

있는 것을 알 수 있다. 이러한 점은 조선을 점차적으로 잠식해 가려는 일본의 정치적 교육적 의도가 이미 초등학교용 교과서에까지 확연하게 미치고 있음을 말해준다 하겠다.

통감부시절부터 일제강점기까지 조선인에게 교육했던 일본어 교과서를, ‘통감부기’와 ‘일제강점기’로 대별하고, 다시 일제강점기를 ‘Ⅰ기에서 Ⅴ기’로 분류하여, ‘주요법령, 교과서명, 편찬연도, 권수, 초등학교명, 수업연한, 편찬처’ 등을 <표 6>으로 정리하였다.

〈표 6〉 統監府期, 日帝强占期 사용한 日本語敎科書

時期	主要法令	日本語敎科書 名稱			編纂年度 및 卷數	學校名	修業年限	編纂處
統監府期	普通學校令 (1906. 8. 27)	普通學校學徒用 日語讀本			1907~08 全8卷	普通學校	4	大韓帝國 學部
日帝强占期		訂正 普通學校學徒用國語讀本			1911. 3. 15 全8卷	普通學校	4	朝鮮總督府
	第1次朝鮮敎育令 (1911. 8. 23)	一期	普通學校國語讀本		1912~15 全8卷	普通學校	4	朝鮮總督府
	第2次朝鮮敎育令 (1922. 2. 4)	二期	普通學校國語讀本		1923~24 全12卷	普通學校	6	(1~8) 朝鮮總督府 (9~12) 日本文部省
		三期	普通學校國語讀本		1930~35 全12卷	普通學校	6	朝鮮總督府
	第3次朝鮮敎育令 (1938. 3. 3)	四期	初等國語讀本		1939~41 全12卷	(尋常) 小學校	6	(1~6) 朝鮮總督府 (7~12) 日本文部省
	第4次朝鮮敎育令 (1943. 4. 1)	五期	ヨミカタ 1~2學年	4卷	1942 1~4卷	國民學校 (初等科)	6	朝鮮總督府
			初等國語 3~6學年	8卷	1942~44 5~12卷			

5. 『日語讀本』의 표기 및 배열

『日語讀本』은 아직 일본어를 접하지 못한 조선 아동을 대상으로 학부에 의해 편찬되고 일본의 오쿠라(大倉)書店印刷社에서 인쇄된 초등교육과정 일본어 입문 교과서이다. 각 학년에 2권씩 4학년까지 총 8권으로 되어 있으며, 정가는 12錢으로 되어 있으나, 통감부 시절 초기에는 공립학교 아동에 한하여 무상으로 지급되었다.

『日語讀本』의 특징은, 띄어쓰기가 없는 일본어 표기에서 모어(母語)를 달리하는 조선 아동이 처음 일본어로 된 교과서를 접하는데 있어서 쉽게 이해시키기 위하여 저학년(1, 2학년)용에 '띄어쓰기'가 되어 있다. 또한 존경어와 겸양어 연습, 인칭과 호칭, 능동과 수동 등 난이도를 고려하여 문법을 체계적으로 제시한 점을 들 수 있다. 따라서 고학년으로 갈수록 문장이 길어지고, 문법 또한 다양해지는 것을 알 수 있다.

『日語讀本』은 내용 전체가 일본어로 되어 있으며, 필요한 부분에 삽화를 넣어 학습자의 흥미를 이끌고자 하였다. 외국어로서의 일어를 일본의 문화와 함께 쉽고 빠르며 정확하게 습득하게 하기 위하여 생활에서 흔히 사용되는 단어, 절, 문장으로 이야기를 꾸며 한 단원을 전개하였고, 일상생활과 밀접한 내용을 주제로 하여 학습자의 흥미를 이끌고자 하였다.

또한 각 단원의 구성은 단원이 시작되는 부분에 신출단어를 제시하였으며, 본문을 습득한 후에 연습문제를 수록하여 배운 내용을 반복학습 할 수 있도록 하였다. 본문의 내용은 일상생활, 자연과학, 새로운 문명, 날씨 등의 다양한 주제를 다루었으며, 이야기를 통한 바른 어법이 이루어질 수 있도록 문장을 구성하고 있으며, 역사, 지리는 물론, 인체의 활동이나 밤낮 길이의 변화 등 자연과학에 대한 내용도 상당히 많은 부분을 차지하고 있다.

『日語讀本』의 또 다른 특징은 초등학교용 교과서 치고는 삽화가 매우 적은 편이다. 그 얼마 안 되는 삽화 중에서도 유독 눈에 띠는 것은 역사(驛舍) 같은 새로운 근대식 건물이나 일본 본토를 중심으로 한 주변국의 지도, 그리고 등장인물의 의상이다. 이는 밀려오는 근대 문명과 함께 일본에 의하여 점점 잠식되어 가는 韓末의 실정을 말해준다 할 수 있을 것이다.

교재의 내용 또한 새로운 문화를 소개하는 단원이 눈에 띠게 많아지는데, 특히 산업사회가 발달하고 근대화가 되어감에 따라 고학년으로 갈수록 기차, 여관, 취직, 분업, 물건의 주문, 상거래, 화폐, 학술토의, 재판과 소송, 일본의 행정체계 등등에 관련된 내용이 늘어난다. 특히 당시 철도부설을 담당한 일본이 기차를 비롯한 교통수단을 이용하여 개화된 문명을 조선에 전해주었다는 간접적인 메시지가 담겨 있는 것으로 해석된다.

흑회색 양장본으로 된 『日語讀本』 8권의 출판사항은 다음 <표 7>과 같다.

〈표 7〉 學部編纂 『日語讀本』의 출판 사항

學部編纂 『日語讀本』의 출판 사항 1907~1908년							
卷數	출판년도	사이즈		課	頁	정가	학년 학기
		縱	橫				
卷一	1907	22	15	35	56	12 錢	1학년 1학기
卷二	1907	22	15	17	40	12 錢	1학년 2학기
卷三	1907	22	15	25	86	12 錢	2학년 1학기
卷四	1907	22	15	26	88	12 錢	2학년 2학기
卷五	1908	22	15	30	80	12 錢	3학년 1학기

卷六	1908	22	15	22	76	12 錢	3학년 2학기
卷七	1908	22	15	20	74	12 錢	4학년 1학기
卷八	1908	22	15	20	87	12 錢	4학년 2학기
總 8冊 8卷				195	587		

이번에 학부편찬 『日語讀本』을 출판함은, <을사늑약> 전후 '한국의 교육제도'와 '일본어 교육' 과정을 세심하게 살펴볼 수 있는 자료적 의미로써의 성과와, 그동안 사장되었던 미개발 자료의 일부를 발굴하여 체계적으로 정리해 놓는 것에 큰 의의를 두었다.

따라서 이 시대를 사는 우리들이 새로운 시점에서 보다 나은 시각으로 당시의 모든 문화와 역사, 나아가 역사관을 구명할 수 있는 자료로도 활용될 수 있기를 기대한다.

전남대학교 일어일문학과

김 순 전

≪學部編纂 日語讀本 編著 凡例≫

1. 권1은 1학년 1학기, 권2는 1학년 2학기,…… 권8은 4학년 2학기로 한다.

2. 원본의 세로쓰기를 편의상 좌로 90도회전하여 가로쓰기로 한다.

3. 신출단어 및 자형비교의 상란과 좌란은 각각 좌란과 하란으로 한다.

4. 반복첨자 기호는 가로쓰기이므로 반복 표기하고, 밑줄로 표시한다.

5. 본서 목차 ( )안과 본문내용 하단의 숫자는 원본 쪽수를 표기한 것임.

※ 5에 있어서, 원문의 여러 쪽을 한쪽으로 압축할 경우, 원문 마지막 행의 우단에 쪽수를 표기하기로 한다.(예 : 행 끝의 (1-5)와 같은 표시는, '學部編纂 『日語讀本』 卷一'의 5쪽을 의미함)

6. 한자의 독음은 ( )안에 표기한다.

7. 대화문과 지문 스타일은, 각 기수마다 다르므로 각 기수의 원문대로 표기한다.

8. 편지, 수필 등은 인용문으로 처리한다.

9. 출처 『普通學校學徒用日語讀本』 권3은 이화여대도서관, 『日語讀本』 권 1,2,4,5,6,7,8은 국립중앙도서관 소장본을 저본으로 하였다.

學部編纂

日語讀本　卷五

第3學年　1學期

學部編輯局出版

學部編纂

日語讀本 卷五

大倉書店印刷

卷五【3學年 1學期, 1908】目 次

第一課　新學年

入學　　三年め　　朝夕　　うつかり

卒業　　ゆだん　　たつ　　降りだす

　今日からまた、新しい學年が始りました。月日のたつの
わ、ずいぶん速いものです。私たちがこの學校え入學してか
ら、二年たちました。この學年わもう三年めです。

　月日のたつのわ、はやいようですけれども、(5-1)
私たちわ二年の間に、色色なことを覺えました。是からもよ
く勉強して、卒業するまでにわ、まだ、色色習わなければな
りません。

　うつかりしているまに、月日わはやくたつてしまいます。
今わ春で、うつくしい花がさいていますけれども、この花が
散つて、木の葉の茂るのわ、もうすぐです。

　夏になつて、暑い暑いと言つているうちに、又秋になつ
て、朝夕涼しくなります。そして、(5-2)

　少し寒くなつたと思うと、すぐ、雪が降りだします。ですから、私たちわ毎日、學校え來て、ゆだんをしないで、勉強しなければなりません。

練習

一　雨が降りだしました。

二　風が吹きだしました。

三　火が燃えだしました。

四　降りだしたと思つたら、すぐ止みました。

五　止んだと思つたら、また降りだしました。(5-3)

第二課　木の芽

皮　　毛　　包む　　時候
實　　先　　破る

　冬になつて、葉の落ちてしまつた木を見ると、まるで枯れてしまつたように見えましよう。けれども、よく見ると、枯れたような枝の先にわ、小い芽があります。

　この小い芽わ、皮に包まれています。その皮にわ細い毛が生えています。(5-4)

　毛の生えた皮に包まれてゐるのですから、雪が降つて寒くても、小い芽わ枯れないのです。

　春になつて、段段、時候がよくなると、この皮を破つて、中から芽が出てきます。芽が出ると、枝の先が段段青くなつてきます。(5-5)

　小い芽の中にわ、花も實もあるのですが、まだ小くて、人の目にわ見えないのです。

第三課　韓國

國　地圖　堪エル　毛皮

絹　木綿　アタリ

コレワ韓國ノ地圖デス。韓國ワ細長イ國デ、南北ワ長クテ、東西ワ短ウゴザイマス。

南ノ方ワ暖デ、北ノ方エ行クホド、段段サムクナルノデス。(5-6)

釜山アタリワ冬デモ暖デスガ、會寧アタリワ夏デモアマリ暑クワアリマセン。今ワ春デスガ、會寧アタリワマダ寒イデシヨウ。

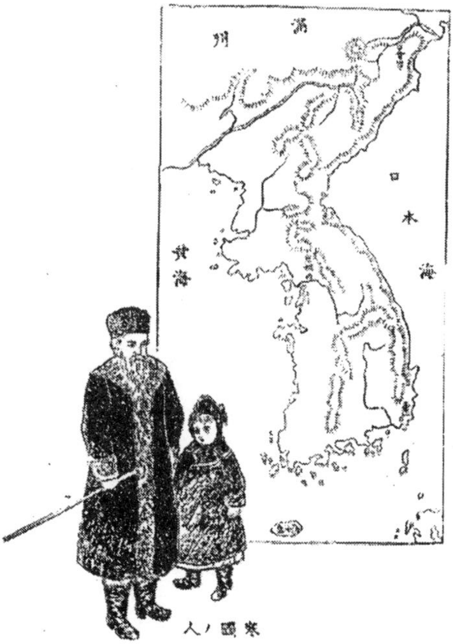

寒國ノ人

寒イトイツテモ、我ガ國ナドワソンナニ寒イ國デワアリマセン。(5-7)

モツト北ノホウエ行クト、寒クテ寒クテ、年中雪ノ消エナイ國ガ、アルソウデス。

ソンナ所ノ人ワ、毛皮ノ着物ヲ着マス。絹ヤ木綿ノ着物デワ、強イ寒サニワ堪エラレマセン。

練習

一　南ノ方エ行クホド、暖クナリマス。

二　木ワヨク乾クホド、輕クナリマス。

三　稻ノ穂ワヨク熟スホド、頭ヲ下ゲマス。(5-8)

第四課　着物　一

麻　　布　　織物　　二通り

綿　　軟　　殊に

　韓國の人わ、絹や、木綿や、麻の着物を着ます。

　絹の着物わ美しくて、やわらかで、氣持がようございます。

　麻わ、絹のように、美しくも、やわらかでもありません。けれども、輕くて、涼しいから、夏の着物にわ、一番ようございます。(5-9)

　木綿わ、絹のように美しくもなく、麻のように輕くもありません。けれども、直段が廉いから、着る人が多うございます。

　冬になると、布ばかりの着物でわ、寒くて堪えられませんから、綿を入れた着物を着ます。

　綿にわ、木綿綿と、絹綿と、二通りございます。絹綿わ、木綿綿よりも、輕いけれども、直段が高うございます。

　　　　　　　　　　　　　　　　　(5-10)

第五課　着物　二

婦人　　　呉服屋　　　金

番頭　　　考える　　　大抵

　絹や、木綿や、麻などの織物を賣る店を、呉服屋といいます。

　ここわ呉服屋の店です。ごらんなさい。客が大勢來ていましよう。殊に、婦人が多く來ていましよう。男にわ、織物のことわ、よくわかりませんから、大抵、婦人が買いにくるのです。

　あすこに坐つている人わ、みな、この店の番頭です。(5-11)番頭わ、色色な美しい織物を出して、客に見せています。

　何か買つて、歸ろうとしている人も、あります。金をはらつている人も、あります。買おうか、止めようかと、考えている母親も、あります。

(5-12)

欲しそうな顔をして、見ている娘も、あります。

むこうのほうでわ、客の買つた品物を、包んでいます。

第六課　二人ノ決心

甲　　僕　　儉約　　トウトウ

乙　　君　　決心　　使ウ

　昔、正直デ善イ男ガ、二人アリマシタ。貧乏ナ家ニ生レタ
カラ、人ニ使ワレテイマシタ。アルトキ、二人ワ話ヲシマシ
タ。(5-13)

甲　　僕ワ今日カラ、決シテ、絹ノ着物ヲ着ナイト、
　　　決心シタ。ソシテ、金持ニナツテ、大勢人ガ使
　　　イタイト思ウ。

乙　　君ガ絹ノ着物ヲ着ナイト決心シタラ、僕ワ絹バ
　　　カリ着ルト決心シヨウ。

　ソレカラワ、甲ワ木綿ノ着物バカリ着テ、絹ワ決シテ着マ
センデシタ。ソシテ、ズイブン儉約シマシタカラ、十年バカ
リノ內ニ、トウトウ、大勢、人ヲ使ウヨウニナリマシタ。

(5-14)

乙ワ絹ノ着物バカリ着テ、木綿ワ決シテ、體ニツケマセンデシタ。ケレドモ、ヨク働キマシタカラ、甲ノヨウニ、金持ニナツテ、大勢人ヲツカウヨウニナリマシタ。

一人ワ儉約シテ、金持ニナリマシタ。一人ワ働イテ、金持ニナリマシタ。金持ニナルノニワ、働イテ儉約スルノガ一番デス。

第七課　虎トアカンボー

妻　夫　夫婦　宿屋　アカンボ (5-15)
夜中　オモチヤ　見ツカル　捜ス

老人ガ、子供ヲ大勢アツメテ、オモシロイ話ヲシテイマス。

老人　　　或夫婦ガアカンボヲ連レテ、サビシイ山ノ中ヲ
旅行シテイマシタ。宿屋ガナクテ、木ノカゲデ
ネル事モ、タビタビアリマシタ。(5-16)
アル晩、大ナ木ノ蔭デネテイマシタガ、妻ワ夜
中ニ目ヲ覺シマシタ。見ルト、アカンボガ居マ
セン。

大層驚イテ、夫ヲ起シテ、ホウボウ捜シマシタ
ガ、見ツカリマセン。月ワ出テイマシタケレド
モ、木ガシゲツテイタノデ、(5-17)

遠イ所ワ見エマセンデシタ。

ソノ時、ムコウノ暗イ所ニ、何カ白イモノガ見エマシタ。ヨク見ルト、虎ガ、アカンボヲオモチヤニシテイタノデス。

第八課　虎トアカンボ 二

熱心ニ　　大變　　撃殺ス　　外ニ

不思議　　樣子　　イツシヨニ

夫ワスグニ、鐵砲デ虎ヲ撃殺ソウトシマシタ。
妻ワアワテテ、「アカンボガ死ニマス。(5-18)
アカンボヲ殺シテワ大變デス」ト言イマシタケ
レドモ、夫ワ「心配スルナ」ト言イナガラ、撃チ
マシタ。大ナ音ガシテ、虎ワスグ死ニマシタ。
二人ガ走ツテイツテ、ヨク見ルト、アカンボワ
笑ツテイマシタ。虎ノ恐シイ事ヲ、知ラナカツ
タノデシヨウ。

　子供タチワ、老人ノハナシヲ、熱心ニ聽イテイマシタ。ソ
シテ、尋ネマシタ。(5-19)

子供　　ソノアカンボワ、ソレカラ、ドウナリマシタ
　　　　カ。祖父サン。

老人　　大クナツテ、今デモ生キテイマス。

子供　　今ワドコニ居マスカ。

老人　　ココニ居マス。

　子供ワ不思議ニ思ツテ、室内ヲ見マワシマシタ。ケレド
モ、外ニ、誰モ居マセンカラ、子供ノ目ワミナ、老人ニ集リ
マシタ。ソシテ、イツシヨニ尋ネマシタ。(5-20)

　　　　ソレデワ、祖父サンガ、ソノアカンボデアツタ
　　　　ノデスカ。

　老人ワ、「ソウデス」ト言ツテ、笑イマシタ。

第九課　海の水

茶碗　　　混る　　　嘗める

鹹い　　　少い　　　はず　　　元

谷口　海の水わ、なぜ鹹いのでしようか。

島田　それわ、鹽が澤山はいつているからです。茶碗
え水を入れて、そのなかえ鹽をすこし溶すと、
水わ鹹くなるでしよう。(5-21)
海の水の中にも、鹽が澤山溶けているのです。

谷口　それでわ海の中にある鹽わ、どこから來たので
すか。

島田　鹽わもとから、海の中にもあつたのですが、山から
も、だんだん流れてきたのです。
山にわ、鹽の澤山ある所があります。雨が降る
と、その鹽が溶けて、川の水に混つて、海のほう
え流れていきます。そして、長い間に、(5-22)
海の中え鹽が澤山できたのです。今でも、雨
の降るたびに、山の中にある鹽が溶けて、川か

　　　　　ら海え流れていくのです。

谷口　　それなら、水の鹹い川もあるはずですが、どの
　　　　川の水を嘗めても、鹹くないのわ、不思議でわ
　　　　ありませんか。

島田　　川の水の中にも、塩わ溶けているのですが、あ
　　　　まり少いから、鹹くないのです。(5-23)

第十課　雪と鹽と砂糖

砂糖　　若し　　天

直段　　なお　　貯える

　雪や、鹽や、砂糖わ皆白いものです。雪も、鹽も、砂糖も、水のなかえ入れると、すぐ溶けてしまいます。

　鹽わ海で取れます。砂糖わ畠えできます。雪わ天から降ります。

　もし、夏の暑い時に、すこしばかり、雪が降つたなら、金を澤山出して、買う人もあるでしよう。(5-24)

　けれども、雪わ冬のさむい時に、澤山降るのですから、誰も雪を買う者わ、ありません。ですから、雪にわ直段がないのです。

　砂糖や、鹽わ、少しずつ取れて、いつまでも貯えることができるから、高いのです。また、砂糖わ、鹽のようにわ、澤山取れないから、鹽よりもなお高いのです。

第十一課　貨幣

貨幣　　紙幣　　金　　銀

ダケ　　　銅 (5-25)

　コレワ、日本貨幣ノ繪デス。日本貨幣トイウノワ、餘リ長イカラ、便利ノタメニ、日貨トイイマス。日貨ニワ、金ト、銀ト、銅ト、白銅ト、四通リアリマス。

　貳拾圓ト、拾圓ト、五圓ワ金貨デス。五拾錢ト、貳拾錢ト、拾錢ワ銀貨デス。(5-26)

壹錢ト、五厘ワ銅貨デス。五錢ダケワ白銅デス。

　　貨幣ワズイブン重イカラ、澤山持ツテア
ルケマセン。デスカラ、持運ニ便利ノタメ
ニ、貨幣ノ代リニ、紙幣ガアリマス。紙幣
ワ輕イカラ、千圓デモ、貳千圓デモ持ツテアルケマス。

第十二課　紙幣

損　　　違ウ　マチガエル

得　シカ　比ベル　マン中 (5-27)

コレワ、紙幣ノ繪デス。マンナカニアル文字ヲ、ゴランナ
サイ。コノ文字デ、拾圓カ、五圓カ、壹圓カガワカリマス。

日本ノ紙幣ノウチデ、人ノヨク使ウノワ、拾圓ト、五圓
ト、壹圓ノ三通リデス。三通リトモミナ、大サガチガイマス
カラ、(5-28)

三枚アルトキニワ、比ベテミレバワカリマス。ケレドモ、一枚シカナイトキニワ、ワカリマセンカラ、ヨク、マン中ニアル文字ヲ見ナケレバナリマセン。

　モシ間違エテ、拾圓ノ代リニ壹圓受取ツタリ、壹圓ノ代リニ五圓拂ツタリスレバ、タイソウ損ヲシマス。

　又、受取ル時ニモ、注意シナケレバナリマセン。

　壹圓ノ代リニ拾圓受取レバ、得ヲスルケレドモ、人ニ損ヲサセマス。(5-29)

練習

一　アノ山ニワ、木ガ三本シカアリマセン。

二　今日ワ、三人シカ缺席シマセンデシタ。

三　八拾錢シカ持ツテイマセン。

四　毎日內デ寢タリ、起キタリシテイマス。

五　昨日ワ、朝カラ晚マデ、本ヲ讀ンダリ、手紙ヲ書イタリシテイマシタ。(5-30)

第十三課　金屬

鐵道　　金屬　　釘　　のに

軍艦　　入用　　飾

　金や、銀や、銅や、鐵などを金屬といいます。

　金屬の內で、鐵ほど入用な物わありません。鐵道や、軍艦のような大な物から、針や、釘のような小なものまで、鐵で造つた物わ、ずいぶんあります。

　鐵のつぎに入用なものわ、銅です。金や、銀わ美しいから、色色な飾にします。金や、銀わなくても (5-31) よいのですが、もし鐵や、銅がなかつたなら、ずいぶん困りましよう。

　鐵わそれほど入用だのに、一番やすくて、金わそんなに入用でないのに、一番高いのです。鐵や、銅わ澤山あるから、やすいので、金や銀わ少いから、高いのです。何でも、澤山あるものわ廉くて、少いものわ高いのです。

練習

一　日が暮れたのに、農夫わまだ野に居ます。(5-32)

二　昨日わ、暖であつたのに、雪が降りました。

三　曇つていないのに、雨が降つています。

四　犬わ牛肉を持つているのに、ほかの犬の牛肉までも、

取ろうとしました。

第十四課 馬ト牛

動物　　用イル　　ヒク

耕ス　　カナウ

　馬ト牛ワ、一番入用ナ動物デス。牛ワアルクコトワ遲イケ
レドモ、力ガ強ウゴザイマス。(5-33)
馬ワカワ弱イケレドモ、アルクコトガ早ウゴザイマス。

　輕イ荷物ヲ早ク運ブ時ニワ、牛ワ馬ニカナイマセン。ケレ
ドモ、重イ荷物ヲユツクリ運ブ時ニワ、馬ワ牛ニカナイマセ
ン。

　デスカラ、人ガ乘ツタリ、輕イ車ヲヒカセタリスル時ニ
ワ、馬ヲ用イマス。又、田地ヲ耕シタリ、重イ荷物ヲ運ンダ
リスル時ニワ、牛ヲ用イマス。

　アル國デワ、田地ヲ耕シタリ、重イ荷物ヲ運ンダリスル時
ニモ、馬ヲ用イマス。　(5-34)

　アル國ノ馬ワ大クテ、ズイブン強イケレドモ、韓國ノ馬ワ
小クテ弱ウゴザイマス。

第十五課　動物の色　一

蜂　　　世界　　　添エル

蝶　　　景色　　　幹

　草木の幹や、葉や、花の色にいろいろあるように、動物の色にも、またいろいろあります。白いのもあるし、赤いのもあるし、黄色いのもあるし、(5-35)
青いのもあるし、また、白や赤や黄色などの斑もあります。そして、いろいろな動物わ、草や、木といつしよに、この世界を飾つています。

　蝶や、蜂が飛んでいたり、鳥が鳴いていたりするから、草や、木わ一層奇麗に見えるのです。川の岸に黒い牛が立つていたり、小道を白い犬が走つていたりするから、野の景色わいつそう面白いのです。また、水を泳いでいる魚わ、水のけしきを添えます。空を飛んでいる鳥わ、空の景色を添えます。(5-36)

　奇麗な花が咲いていても、鳥や、虫が居なかつたら、野や、山の景色も美しさが減りましよう。

第十六課　動物の色 二

蠶　　我我　　紛れる　　喰う

沙　　底　　自然と

色のうつくしい動物わ、高い山の上や、深い海の底にも居ます。

　動物の色の美しいのわ、我我を喜ばせるため (5-37)
でしようか。もし、我我を喜ばせるためならば、どうして、
高い山の上や、深い海の底に居るのでしようか。

　あれわ、我我を喜ばせるためでわありません。

　みな、自分を保護するためです。蝶の白いのや、黄色いのわ
草木の花の色に紛れて、他の動物に見つからないためです。

　木の葉を喰う虫の青いのわ、その木の葉の色に紛れて、鳥
などに喰われないためです。木の皮を喰う虫に、(5-38)
これと同じ色のがありましよう。

　あれも木の皮の色に紛れて、鳥などに見つからないためです。

　海の底に沙と同じ色の魚が居ましよう。草の中に草と同じ色
の虫が居ましよう。これわみな、自分を保護しているのです。

　それがまた、自然とわれわれの目を喜ばせているのです。

(5-39)

第十七課　桃ノ木

土　　種子　　埋メテオク

根　　別ニ　　割レル　　堀ル

土ノ中カラ小ナ芽ガ出テキマシタ。オ松ワ不思議ニ思ツ
テ、土ヲ堀ツテミタラ、土ノナカニワ、大ナ桃ノ種子ガアツ
テ、ソノ中カラ、芽ガ出テイルノデシタ。(5-40)

オ松ワマタ、ソノ桃ノ種子ヲ元ノヨウニ、土ノ中エ埋メテオキマシタ。

翌朝ハヤク起キテ見ルト、芽ガ割レテ、二枚ノ小ナ葉ニナツテイマシタ。

又、次ノ朝、早ク起キテ見ルト、二枚ノ葉ノ間ニ、小ナ芽ガデキテ、土ノナカニワモウ、根ガ生エテイマシタ。

オ松ワタイソウ面白ガツテ、毎朝、早ク起キテ、熱心ニ見テイマシタ。(5-41)

葉ノ間ノ芽ガダンダン大クナツテ、又二枚ノ葉ニナツテ、ソノナカカラマタ別ニ、小ナ芽ガ出マシタ。段段生長シテ、一週間ノ後ニワ、一本ノ小ナ桃ノ木ニナリマシタ。

書イテオク。　　考エテオク。

見テオク。　　貯エテオク。

讀ンデオク。　　聞イテオク。

包ンデオク。　　入レテオク。(5-42)

第十八課　雨

人間　　草木　　元氣　　地
萬物　　植物　　急ニ

　雨ガ降ルト、草木ワアオアオト、元氣ヨクナリマス。ナガイ間、雨ガ降ラナイト、草木ワ枯レテシマイマス。草木バカリデナク、人間デモ、他ノ動物デモ、水ガナケレバ、死ンデシマイマス。

　川ヤ海ノ水モ、地ノ中ニアル水モ、モトワミナ、天カラ降ツタ雨デス。モシ、ナガイ間、雨ガ降ラナケレバ、(5-43)川ヤ海ノ水モ、地ノ中ノ水モナクナリマス。水ガ少シモナケレバ、コノ世界ニワ人間モ、動物モ、植物モナクナツテシマイマス。

　デスカラ、昔カラ、「雨ワ萬物ノ母ダ」トイイマス。

第十九課　島と半島

陸地　　分れる　　圍む

半島　　續く　　　島

　ここにあるのわ韓國です。三方わ海で、一方わ廣い陸地に續いていましよう。このように、(5-44)

(5-45)

三方が海にかこまれて、一方ばかり廣い陸地に續いている陸地わ、「牟島」というのです。

これわ日本です。日本の國わ澤山の陸地に分れています。その陸地わみな海に圍まれていましよう。このように、海にかこまれている陸地わ、「島」というのです。

この五つの大な島のほかに、澤山の小な島を合せて、日本というのです。

韓國の東南の端から、日本の西北の端までわ、(5-46)近うございます。この日本の一番大な島わ、昔わ、韓國に續いていたのだそうです。

第二十課　韓國のまわり

山脈　　　隔てる　　　流れこむ

境　　　　消える

　韓國の東の海を日本海といつて、西の海を黄海といいます。黄海をへだてて、西にわ清國があります。

　韓國の北も清國で、清國と韓國の境にわ、長い (5-47) 川が二つ流れています。黄海に流れこむ川を鴨綠江といつて、日本海に流れこむ川を豆滿江といいます。

　この二つの川の間にわ、年中雪の消えない、高い山が、たくさん續いています。山の澤山續いているのを、山脈といいます。

　この山脈わ長白山脈です。長白山脈の中で、一番高い山わ白頭山です。雪が消えないで、山の頭が何時も白いから、そういうのでしよう。(5-48)

流レコム。　　　落チコム。

飛ビコム。　　　聞キコム。

引キコム。　　　話シコム。

降リコム。　　　吹キコム。

第二十一課　韓國の海岸 一

海岸　　　出はいり　　　繁昌

　韓國の西と南の海岸わ、たいそう、出はいりが多うございます。(5-49)

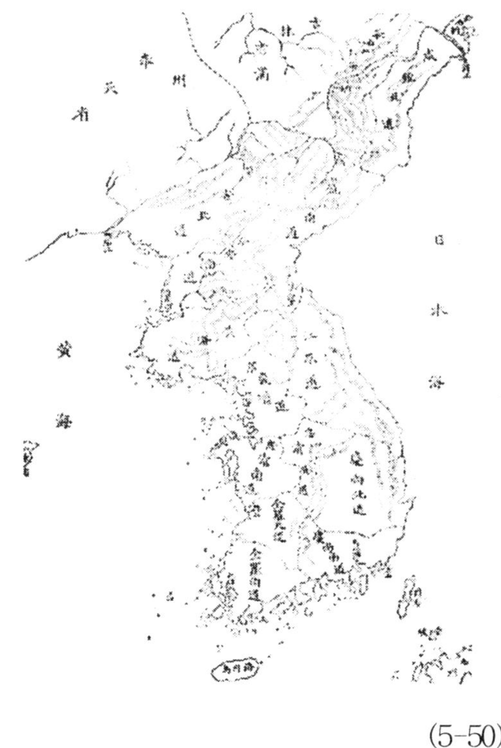

　海岸に出入が多ければ、自然と、良い港も多うございます。良い港が多ければ船の出はいりが便利ですから、自然と繁昌します。

　釜山、馬山、木浦、群山、仁川、鎮南浦などの良い港わみな、南か、西の海岸にあります。

　東の海岸わ出入が少いから、港も少うございます。釜山や仁川のような良い港わ、ただ、元山ばかりです。

　ですから、韓國でわ西の海岸ばかり繁昌して、(5-51) 東の海岸わ繁昌しません。

　西と南の海岸わ出入が多いばかりでなく、島も澤山あつて、景色もようございます。

第二十二課　韓國の海岸 二

外國　　往復　　タツタ

乘客　　艀　　　漕グ

　ココワ仁川ノ港デス。イマ、大ナ汽船ガ港エ入ツテキマシ
タ。高田サント上村サント二人、海岸エ立ツテ、船ヲ見テイ
マス。(5-52)

高田　　アノ汽船ワ何所カラ來タノデシヨウカ。

上村　　アレワ何所カ、外國カラ來タノデシヨウ。

高田　　アノ汽船ワナゼ、モツト海岸ニ近イトコロマ
　　　　デ、ハイラナイノデシヨウカ。

上村　海岸ニ近イ所ワ、急ニ淺クナツテイルカラ、

(5-53)

アンナニ大ナ汽船ワハイレナイノデス。

高田　アノ小ナ汽船ワ何ヲシテイルノデスカ。

上村　アレワ大ナ汽船ト陸ノ間ヲ往復シテ、乘客ヤ、

荷物ヲ運ンデイルノデス。アンナ船ヲ艀トイウ

ノデス。艀ニワ汽船モ、唯ノ船モアリマス。

汽船ワ又小蒸氣トモイイマス。客ワ大抵小蒸氣

エ乘セテ、荷物ワ唯ノ船エ積ミマス。(5-54)

唯ノ船ワ人ガ漕グノデスカラ、遲ウゴザイ

マス。

高田　アスコエ又、小蒸氣ガ來マシタ。アレニワ乘客

ガタツタ二三人シカ見エマセン。

上村　アレニワ誰カ、立派ナ人ガ乘ツテイルノデシヨウ。

第二十三課　税關

税關　　旅客　　開港場　　税

關税　　上陸　　カケル　　シラベル (5-55)

高田　今上陸シタ人ワ、皆、アノ大ナ家エ集リマシ
　　　タ。アノ人タチワナゼ、早クステーシヨンカ、
　　　宿屋エ行カナイノデシヨウカ。

上村　アノ大ナ家ワ税關トイツテ、外國カラ來タ品物ヲ
　　　シラベテ、税ヲ取ル所デス。外國ノ品物ニカケル
　　　税ヲ、關税トイイマス。外國カラ來タ人ワ、ミ
　　　ナ、アスコデ荷物ヲシラベラレルノデス。

高田　税關デワ、ドンナ品物ニデモ皆、税ヲカケルノ
　　　デスカ。(5-56)

上村　イイエ、ソウデワアリマセン。旅行ニ入用ナ品物
　　　ニワ、カケナイノデス。モシ、旅行ニ入用デナイ
　　　品物ヲ、澤山持ツテイルト、税ヲカケラレマス。

高田　船ノ着ク港ニワ、何所ニデモ、税關ガアルノデ
　　　スカ。

上村　　　稅關ノアル所ワ、外國船ノ着ク港バカリデス。
外國船ワ城津、元山、釜山、馬山、(5-57)
木浦、群山、仁川、鎭南浦、龍岩浦、兼二浦ノ
外ニワハイレマセン。外國船ノハイレル港ヲ、
開港場トイツテ、ソコニワ必ズ、稅關ガアリマ
ス。

第二十四課　船長の話　一

船長　　荒れる　　鏡　　沈む

碇泊　　凍える　　浪　　靜

　小太郎の父わ大な汽船の船長です。

　昨日、船が港え着きました。四五日の間碇泊するので、昨夜、内え歸つてきました。(5-58)

　小太郎わ友だちといつしよに、父から面白い話を聽いています。

　　船え乘つて方方え行くと、色色、面白いものを見ます。

　　寒くて、凍死ぬかと思うような所もあるし、暑くて、燒死ぬかと思うような所もあります。

　　強い風が吹いて、海の荒れたときにわ、山のような浪が來て、船わ海の底え沈められてしまうかと思うことも、度度あります。(5-59)

　　けれども、風が吹かないで、美しい月が鏡のような海を照らしている夜などわ、どんなに面白いかしれません。

また、毎日、大な魚が船といつしよに泳いでいるのも、見えます。奇麗な鳥が船を追つてくるのも、見えます。天氣がよくて、海の靜なときに、船の上から海の景色を眺めているほど、氣持のよい事わありません。　(5-60)

練習

一　田中さんわ學問もよくできるし、からだも丈夫だし、友だちにも親切です。

二　雨わ降るし、日わ暮れるし、車わないし、誠に困りました。

三　本も讀んだし、書取もすんだし、もう、遊んでもよいのです。

第二十五課　船長の話 二

太陽　　　光　　　　熱心に (5-61)

獅子　　　勢

　子供わあまり、話が面白いから、熱心に聴いていました。
船長わ話を續けています。

　暑い國え行くと、冬でも、我が國の夏よりも暑うござい
ます。寒い國え行くと、我が國の冬のように寒くて、年
中、雪の消えることわありません。

　又、暑い國でわいつも、晝と夜の長さが大抵同じです
が、さむい國でわ晝が短くて、(5-62)
夜がたいそう長うございます。冬になると、晝わ僅、一
時間か二時間で、夜わ二十時間以上もあります。

それからまた、暑い國でわ色色な植物が勢よく生長し
て、いつも靑靑としていますが、寒い國にわ大な植物が
少うございます。淸國の西に、インドというあつい國が
あります。太陽の光が強いから、その國の人わたいそ
う、色が黑うございます。(5-63)

インドのようなあつい國にわ、虎や獅子のような強い動物が、澤山居ます。

第二十六課　金持ニナツタ老人

商賣　　利子　　タマル　　預ケル

資本　　ムダ　　タメル　　答エル

貧乏ナ家ニ生レテ、金持ニナツタ老人ガ、アリマシタ。或人ガソノ老人ニ、「ドウシタラ金持ニナレルカ」ト聞キマシタ。ソシタラ、老人ワコウ答エマシタ。(5-64)

ワズカナ金デモムダニ使ワナケレバ、金持ニナレマス。

貳錢カ參錢ノ金デモムダニ使ワナイデ、貯エテオケバ、ソレガダンダンタマツテ、拾圓ニモ、貳拾圓ニモナリマス。貳參百圓ノ金デモ貳參錢ズツムダニ使エバ、イツノマニカナクナツテシマイマス。

貳參拾圓モタマレバ、人ニ貸シテモ、郵便局エ預ケテオイテモ、ソレエ利子ガツキマスカラ、イツノマニカ、五拾圓ニモ、六拾圓ニモナリマス。(5-65)

又、五六拾圓ノ金ヲ資本ニシテ、商賣ヲスレバ、ドンナニ澤山ニナルカシレマセン。

金ワハジメ、少シタメルノガ、ムズカシイノデス。少シ
タマレバ、ソレヲ澤山ニスルノワ、ムズカシクワアリマ
セン。
デスカラ、少シノ金デモムダニ使ワナイ事ガ、金持ニナ
ルノニ一番大切ナコトデス。(5-66)

第二十七課　貯金

貯金　　　　貯金臺紙

銀行　　安全　　樂

　金ヲ貯エルコトヲ、貯金トイイマス。貯金ヲスルノワ、郵便局カ、銀行エ預ケルノガ、一番安全デス。郵便局デワ、拾錢以上ナラ、何時デモ預リマス。

　又、拾錢以下ノ金ヲ預ケル人ノタメニ、便利ナコトガアリマス。ソレワ貯金臺紙トイウモノヲ買ツテオイテ、壹錢デモ、貳錢デモ預ケタイト思ツタ時ニ、

(5-67)

切手ヲ買ツテ、貼ルノデス。

　ソシテ、拾錢以上ニナツタ時、郵便局エ持ツテイツテ、預ケルノデス。

貯金臺紙エ貼ツタ切手ノ殖エルノワ、樂ナモノデス。

郵便局エ預ケル貯金ヲ、郵便貯金トイイマス。(5-68)

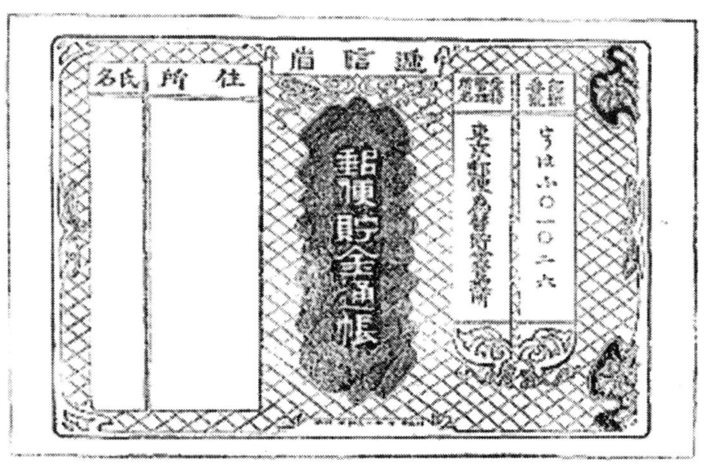

郵便貯金ワ利子ガ廉イカワリニ、イチバン安全デス。

銀行エアズケルノモ、タイテイワ安全デスケレドモ、中ニワ、安全デナイ所モアリマス。

第二十八課　預金

利益　　ソノ上　　餘ル (5-69)

ママ　　キツト　　互ニ

大谷　　人ガ銀行ヤ、郵便局エ金ヲ預ケルノワ、何ノタ
　　　　メデシヨウカ。

山田　　ソレワ銀行ヤ郵便局エ預ケテオケバ、安全ダカ
　　　　ラデス。

　　　　金ヲ澤山ウチエ置クト、盗マレルカモシレマセ
　　　　ン。ナクスカモシレマセン。又、火事デ燒ケル
　　　　カモシレマセン。

　　　　銀行ヤ、郵便局エ預ケテオケバ、取ラレタリ、
　　　　ナクシタリ、(5-70)

　　　　燒ケタリシテモ、キツト拂ツテ、返シテクレマ
　　　　ス。決シテ、預ケタ人ニ損ワサセマセン。

　　　　ソノ上、内エ置ケバ、殖エル事ワアリマセンガ、
　　　　預ケテオケバ、利子ガツキマスカラ、自然ト殖
　　　　エマス。

大谷　銀行ヤ、郵便局デワナゼ、利子ヲ拂ツテ、人ノ
金ヲ預ルノデシヨウカ。

山田　銀行ヤ、郵便局デワ預ツタ金ヲ、ソノママニシ
テオクノデワアリマセン。(5-71)
ソノ金ヲ又人ニ貸シテ、利子ヲ取ルノデス。
廉イ利子デ預ツテ、高イ利子デ人ニ貸セバ、利
益ガアルデシヨウ。銀行ワ餘ツテイル金ヲ預ツ
テ、足リナイ人ニ貸スノデス。
ソシテ、預ケル人モ、借リル人モ互ニ便利デ、
マタ、銀行モ利益ニナルノデス。

練習

一　今日ワ雨ガ降ルカモシレマセン。(5-72)

二　今晚ワ歸ガ遲クナルカモシレマセン。

三　松下サンワイラツシヤラナイカモシレマセン。

四　ハヤク行ケバ、八時ノ汽車エ乘レルカモシレマセン。

五　コンナニ風ガ吹クト、汽船ワ來ナイカモシレマセン。

第二十九課　雷

雷　　裂ける　　鳴る　　握る
間　　駈けだす　　あぶない (5-73)

或日、春田さんと木村さんと二人いつしよに、學校から歸つてくる時、急に雲が出て、かみなりが鳴りだしました。そして、雨も大層降つてきました。木村さんわ驚いて、高い木の下え逃げこみました。

春田さんわあわてて、「はやく、あつちえ行つてしまいましよう。「雷の鳴る時にわ、決して、高い木の下などに居てわならない」と先生がおつしやつたでわありませんか」と言いました。(5-74)

けれども、木村さんわ「あつちえ行くと濡れるから、ここに居ましよう」と言つて、動かないでいますから、春田さんわ

「そこに居るとあぶない。こつちえいらつしやい」と言つて、駈けだしました。(5-75)

木村さんも恐しくなつてきて、駈けだしました。

　二人わ二十間ばかり向うにある家のなかえ、駈けこみました。駈けこむとすぐ、耳の裂けるほど、大な音がしました。二人わ驚いて、そこえ仆れました。

　しばらくたつて、二人が出て見たら、雷が落ちて、高い木わ二つに裂けていました。もし、春田さんが居なかつたら、木村さんわ木の下で、死んでしまつたかもしれません。そこで、木村さんわ (5-76)

春田さんにこう言いました。

　　もし、君が居なかつたら、僕わ雷にうたれて、死んでしまう所でした。君わ先生のおつしやる事を、よく注意して、聴いていたから、よかつたのです。

　　これからわ、僕もよく注意して、先生のおつしやる事を、聴きましよう。

第三十課　光と音

とどく　　　電 (5-77)

ひどい　　　ほんとう

　雷の鳴るちよいと前にわ、光るでしよう。あの光を電といいます。電が光るのといつしよに、雷わ鳴るのです。けれども、光が目に届いても、音わまだ耳に届かないから、雷の方が後から聞えるのです。

　人が鐵砲を撃つのを、見た事がありましよう。

　煙が見えてから、暫くたたないと、音わ聞えないでしよう。けれども、ほんとうわ、煙の出るのと、(5-78) 鐵砲の鳴るのとわ、いつしよなのです。

　よく、氣をつけてごらんなさい。雷が光つてから、雷が聞えるまでの時間が、長い時にわ、雷の音わ小うございます。

　光が見えて、すぐ、音のきこえる時にわ、きつと、ひどい音がします。あれわ雷が近い所で鳴るからです。近い所で鳴れば、音が耳に届く時間も短いから、音と光わたいてい、いつしよになるのです。(5-79)

　また、雷が鳴つても、電の見えないこともあるでしよう。その時にも、ほんとうわ光るのですけれども、雲があつて、見えないのです。(5-80)

日語讀本卷五　終

隆熙二年三月印刷

部編纂

大倉書店印刷

學部編纂

日語讀本　卷六

第3學年　2學期

學部編輯局出版

學部編纂

日語讀本

卷六

大倉書店印刷

卷六 [3學年 2學期, 1908] 目 次

第一課　空氣

吸ウ、　　呼ク、　　アタル、　　狀袋、　　扇、

呼吸、　　空氣、　　膨レル、　　煽グ、

先生ガ、暫ク息ヲセズニ、イテゴランナサイト言イマシタ
カラ、生徒ワ皆息ヲセズニイマシタ。

スルト、スグニ苦シクナツテ、息ヲセズニワイラレナクナ
リマシタ。ソコデ、先生ワコウハナシマシタ。(6-1)

我我ワ、息ヲスルタビニ、口ト鼻カラ、空氣トイウモノ
ヲ、吸ツタリ呼イタリシテイルノデス。空氣ヲ呼吸シナ
ケレバ、我我ワ生キテイラレマセン。死ンデシマエバ、
呼吸ヲシナクナリマス。

空氣ワ、目ニ見エナイケレドモ、何所ニデモアルノデ
ス。手ヲハヤク動カシテゴランナサイ。手エ何カアタリ
マシヨウ。マタ、扇デアオグト、顔エ何カアタツテ、ス
ズシイデシヨウ。(6-2)

ソノ手ヤ顔エアタル物ガ、空氣デス。

狀袋ナドエ息ヲ吹キコムト、膨レマシヨウ。アレワ、ソ
ノナカエ、空氣ガイツパイニナルカラデス。

練習

一　李サンワ、少シモ運動セズニ、勉強バカリシテイマス。

二　田中サンワ、考エズニ、スグ答エマシタ。(6-3)

三　父ワ、朝飯ヲ食ベズニ、出テマイリマシタ。

四　酒ワ飲マズニイラレマスガ、水ワ飲マズニワイラレマセン。

第二課　おはなと鏡 一

一々、　　通り、　　その内に、

怒る、　　まね、　　閉じる、

　おはなわ、自分の顔が、鏡えうつつているのを、熱心に見
ていました。

　おはなが、目を大くすると、鏡のなかでも、(6-4)
目を大くします。口を開けると、口を開けます。口をむすぶ
と、また結びます。おはなが、おこつてみたり、笑つてみた
り、色色しますと、鏡の中でも、いちいち、その通りにしま
す。

　その内に、鏡の中の顔わ見えなくなりました。

　おはなわ、不思議に思つて、母のところえ行つて、尋ねま
した。

おはな　　おかあさん、私の顔が鏡え寫つて、――私のす
　　　　　るまねをしていましたが、それがまるで (6-5)
　　　　　見えなくなりました。何所え行つたのでしよう
　　　　　か。

母　　　そうでしたか。それでわ、もう十分ばかりたつ
　　　　て行つてごらん。

　母のいつたとうり、十分ばかりたつて行つてみたら、前の
顔がまた出てきて、(6-6)
いちいちおはなのまねをします。おはなわ一層ふしぎで堪り
ません。

第三課　おはなと鏡　二

干す、　　温める、　　洗濯物、

冷い、　　水蒸氣、　　そば、

おはなわ、また母の所え來て、尋ねました。

おはな　おかあさんのおつしやつた通り、私の顔がまた
出てきました、前にわ何所え行つていたのでし
よう。(6-7)

母　どこえも行つていたのでわありません。おまえが
鏡のそばえ寄つて、息をしていたから、鏡がくも
つて、おまえの顔が寫らなくなつたのです。
おまえわ、人が空氣を呼吸していることを知つ
ていましよう。その空氣のなかにわ、水蒸氣と
いうものが混つています。水蒸氣わ、水が空氣
のようになつたものです。洗濯物を干しておく
と、かわいて、水がなくなりましよう。(6-8)
あれわ、水が水蒸氣になつて、飛んでいくので
す。

　　　水を溫めると、水蒸氣になります。水蒸氣を冷
　　　すと、また水になります。
　　　おまえの呼きだした水蒸氣が、鏡えあたつて、
　　　小な水球が澤山できたから、鏡が曇つて、顏が
　　　寫らなくなつたのです。
おはな　それでわ、十分ばかりたつて行つたときに、な
　　　ぜ顏がまた寫つたのでしよう。(6-9)
母　　　十分たつ內に、水球が、また水蒸氣になつて、
　　　飛んでいつてしまつたから、顏がまた寫るよう
　　　になつたのです。

第四課　洪水

騷グ、　　家族、　　近所、　　カワイソウ、

近年、　　殘ル、　　洪水、　　溢レル、

　雨ガ四五日降リツズイタノデ、川ノ水ガ溢レテ、田モ畠モ一面ニ水ニナリマシタ。橋ガ落チル、木ガ仆レル、作物ガ流レル、大變ナ騷デシタ。(6-10)

　アル村デワ、家ヤ牛馬マデモ流サレテ、村ノ人タチワ、タイテイ、近所ノ山エ逃ゲタソウデス。ケレドモ、流サレテ死ンデシマツタモノモ大勢アツタソウデス。

一番カワイソウナ話ワ、家族五人ノウチ四人マデ、(6-11)
流サレテシマツテ、タツタ一人七十バカリノ老人ガ、生殘ツ
タソウデス。

韓國デワ、毎年、ドコカニ、洪水ガオコリマスガ、コンナ
ニ大ナ洪水ワ、少ウゴザイマス。

アル老人ノ話デワ、昔ワ、コンナニ度度、洪水ノ起ルコト
ワナカツタノニ、近年ワ、ズイブン度度、オコルトイウ事デ
ス。殊ニ、コノタビノヨウナ洪水ワ、六七十ニナル老人デ
モ、マルデ知ラナイソウデス。(6-12)

第五課　洪水の原因

原因、　　兩側、　　演說、　　留める、

諸君、　　堤防、　　殆ど、　　ついて、

　松山君わ、洪水がなぜ起るか、その原因について、演說をしています。

　諸君、諸君わ、なぜ度度韓國に、洪水が起るか、知つていますか。

　韓國の内を旅行してごらんなさい。何所え行つても、山にわ殆ど木がありません。(6-13)

これが、たびたび洪水のおこる第一の原因です。

山に木が茂つていると、草もたくさん生えます。そして、大雨が降つても、草や木わ、その水を留めておいて、少しずつ流れるようにします。

けれども、山に木がないと、雨の降るたびに、土が　　流されますから、草も生えないのです。そして、大雨の降つた時にわ、その水が、(6-14)

みな一時にながれますから、すぐ洪水になるのです。

それから、又韓國にわ、堤防のない川が多うございます。これが、洪水のおこる第二の原因です。

山に草や木の少いために、沙が流れでて、川の底わ、兩側の田畠よりも、高くなつた所が多いのです。

そして、堤防がないから、四五日も雨が降りつずくと、すぐに水が溢れて、洪水になるのです。(6-15)

第六課　森林 一

森林、　　　効用、　　　廣ガル、

旱魃、　　　起ル、　　　和ゲル、

松山君ノ演説ガスムト、スグニ、山田君ガ演説ヲ始メマシタ。

諸君、私ワ、森林ノ効用ニツイテ、オ話イタシマス。

(6-16)

韓國ノ山ニ木ノ少イコトガ、タビタビ洪水ノ起ル第一ノ原因デゴザイマス事ワ、唯今松山君ノ御演説デ、ヨクオワカリニナツタ事ト思イマス。

松山君ノ言イマシタコトカラ、森林ワ洪水ヲ防グモノデアルト申スコトガデキマス。洪水ヲ防ギマスノワ、森林ノ第一ノ効用デゴザイマス。

ソレカラ、ヨク注意シテゴランナサイ。(6-17)

雲ワ、大抵、森林ノ上ノホウカラ起リハジメテ、ダンダン廣ガツテ、ソノ近所エ、雨ガ降ルノデゴザイマス。

森林ガゴザイマスト、雲ガ起リヤスクテ、雨モ度度降リマスカラ、森林ワ、旱魃ヲ防グノニ必要ナモノデゴザイマス。我ガ韓國ニ、雨ノスクナイノワ、森林ガ多クナイカラデゴザイマス。

マタ、夏ノ暑イ日中デモ、森林ノ間ワ涼シウ (6-18) ゴザイマス。冬ノ寒イ朝、霜ガイチメンニ降ツタトキデモ、森林ノ下ニワ、霜ガゴザイマセン。森林ガアルト、暑サモ寒サモ和グノデゴザイマス。

我ガ國ワ、冬タイソウ寒クテ、夏大層暑イノモ、森林ガ少イカラデゴザイマス。

モシ、山ニ木ガタクサンアツタラ、暑サ寒サノチガイモ、コンナニヒドイ事ワ、ナイノデゴザイマス。(6-19)

第七課　森林 二

近頃、　　　片端、　　　むやみに、

全國、　　　必要、　　　富む

　森林のすくない國にわ、洪水や旱魃が多くて、森林の多い國にわ、洪水や旱魃の少い事わ、よくわかりました。ですから、近頃わ、どこの國でも、木を植えて、森林を造ります。

　我が韓國でも、木を植えることが必要です。山に木が茂ると、洪水も旱魃もすくなくなつて、(6-20) 氣候もよくなりますから、作物もよくできて、國も富みます。

　けれども、いくら植えても、片端から、むやみに、伐つてしまえば、森林のできる時わありません。

　皆が注意して、だれが植えても、その木わ決して伐らないようにすれば、八九年の內にわ、全國に森林ができましよう。

　今から五十年ばかり前に、英國人がはじめて香港を取つた時わ、山にわ、木が一本もなかつたそうです。(6-21)

度度植えても、みな枯れてしまつて、生長しませんでした
が、四十ぺんも五十ぺんも植えて、とうとう、今日のように
しました。

　今日香港え行つてみると、木が靑靑と茂つて、昔一本も木
のなかつた山とわ、思われません。

第八課　公園

人口、　食事、　飲食店、　折ル、

器械、　飼て、　メツタニ、

外國デワ、人口ガ二三萬モアル町ニワ、公園ノ (6-22)
ナイ所ワアリマセン。オウキナ町ニワ、幾ツモアリマス。

公園ニワ、色色ナ草ヤ木ガ植エテアリマス。又、鳥ヤ魚モ
タクサン飼ツテアリマスカラ、中エハイルト、氣持ガヨクナ
リマス。

町ワ、家ガ多クテ、運動ガデキナイシ、マタ人モ大勢居
テ、空氣モワルウゴザイマス。デスカラ、公園ノヨウナ廣ク
テ空氣ノヨイトコロガ、入用デス。(6-23)

公園ノ中ニワ、道ガタクサンアツテ、兩側ニ、木ノ枝ガ廣
ガツテイマス。

マタ、美シイ花ガ、手ノトドク所ニ、イチメンニ咲イテイ
マス。

　ソシテ、公園エワ、夜デモハイレマスカラ、枝ヲ折ツテモ、花ヲ取ツテモ、(6-24)

人ニ見ラレル事ワ、メツタニナイデシヨウ。

　ケレドモ、枝ヲ折ツタリ、花ヲ取ツタリスル人ワ、一人モアリマセン。

第九課　ドイツの子供

芝原、　　　泣く、　　　恥しい、

大便、　　　小便、

　ドイツという國の、ある公園で、子供が遊んでいました。急に風が吹いてきて、帽子が芝原の中え飛びました。子供わ、大な聲を出して泣いていました。(6-25)

　芝原の中えはいれば、帽子わすぐ取れるのに、はいらないで、なぜそんなに泣いていたと思いますか。

　人がむやみに芝原の中えはいると、芝が枯れますから、はいつてわならない事になつているのです。

　ですから、芝原の中えはいる事わ、誰でも、惡いことと思つています。子供でも、はいるものわありません。(6-26)
それで、この子供わ泣いていたのです。

　ドイツあたりでわ、こんなふうですから、公園の木を折つたり、道で小便したりするものわありません。

　わが國でわ、人の家のくだものを取つたり、(6-27)
町で、大便したりする者があります。恥しいことでわありま
せんか。

第十課　地球 一

議論、　地球　越エル、　球、

學者、　圓イ　四角　平、

　田中ト高木ト石黑ト三人ガ、コノ世界ノ形ニツイテ、議論ヲシテイマス。

田中　　僕ワ、コノ世界ワ平ラデ、四角イト思イマス。

高木　　僕ワ、平ラデ、圓イト思イマス。(6-28)

　　　　ソシテ、ソノ中ニ、高イ所モ低イ所モアツテ、

　　　　高イ所ガ陸デ低イ所ガ海ダト思イマス。

石黑　　モシ、諸君ノ言ウヨウニ、コノ世界ガ平ラデア

　　　　ツテ、圓イカ四角イトスレバ、人ガ端ノ方エ行

　　　　クト、落チテシマイマショウ。

田中　　イイエ、端ニワ、東西南北共ニ、高イ山ガアル

　　　　カラ、落チルコトワアリマセン。

石黑　　ソレデモ、ソノ山ヲ越シテ、ムコウ側エ行クト、

　　　　落チマショウ。諸君ワ、世界ノ形ガ、(6-29)

平ラデアツテ、圓イダノ、四角イダノトイウ事
ヲ、誰ニ聞キマシタカ。

高木　誰ニモ聞カナイケレドモ、僕ガ一人デ、ソウ考
エタノデス。

田中　僕モ、誰ニモ聞カナイケレドモ、唯ソウ思ツタ
ノデス。

石黑　自分バカリデ考エタノデワ、イケマセン。世界
ノ形ニツイテワ、昔カラ、議論ガアツタノデ
ス。昔ワ、學者デモ、ミナ諸君ノヨウニ、(6-30)
思ツテイタノデス。

ケレドモ、今日デワ、コノ世界ワ、球ノヨウニ
圓イモノダトイウコトガ、ハツキリワカリマシ
タ。デスカラ、コノ世界ヲ地球トイイマス。

練習

一　大イダノ、小イダノトイツテモ、ヒドイ違ワアリマセ
ン。

二　暑イダノ、寒イダノトイツテモ、ヒドイ事ワアリマセン。(6-31)

三　善イダノ、惡イダノトイツテモ、ハツキリ知ツタ人ワアリマセン。

第十一課　地球 二

表面、　　說明、　　證據、　　檣、

海上、　　船體、　　サカサマ、

高木ト田中ワ、世界ノ形ガ球ノヨウダト聞イテ、驚キマシタ。二人ワ、ドウシテモ、ソウワ思イマセン。(6-32)

高木　世界ノ形ガ球ノヨウダト、世界ノ上ニアル水ワ、兩方エ流レテシマイマシヨウ。

田中　ソレデワ、地球ノ下ノホウニ居ル人ワ、ミナサカサマニ立ツテイルノデスカ。

石黒　イイエ、水モ兩方エワ流レマセン。又、人モサカサマニワ立ツテイマセン。ケレドモ、諸君ニワカルヨウニ、ソレヲ說明スルノワ、ズイブンムズカシイカラ、暫クソウ思ツテイラツシヤイ。私ワ、今ココデ、地球ノ圓イトイウ證據ヲ話シマシヨウ。(6-33)

諸君ワ、海岸エ立ツテ、船ノ行ツタリ來タリスルノヲ、見タ事ガアリマスカ。船ガコツチエ向イテ來ル時ニワ、檣ノ頭カラ見エハジメテ、ダンダン近寄レバ近寄ルホド、(6-34)
帆ヤ船體ガ見エマシヨウ。マタ、船ガ向ウエ向イテ行ク時ニワ、第一ニ船體ガ見エナクナツテ、ソレカラダンダン、帆ヤ檣ガ見エナクナルデシヨウ。コレワ、地球ノ表面ガ平ラデワナイ證據デス。

モシ、地球ノ表面ガ平ラデアツタラ、船體モ帆モ檣モイツシヨニ見エハジメテ、又イツシヨニ見エナクナラナケレバナリマセン。(6-35)

マタ、船ニ乗ツテ、西エ西エト行ケバ、元ノ所エ歸ツテコラレマス。コレモ、地球ガ圓イ證據デシヨウ。

モシ、諸君ノ思ツテイルヨウニ、地球ガ平ラダトスレバ、向ウエ向ウエト行クト、何所カデ、落チテシマワナケレバナリマセン。

練習

一　遠クナレバナルホド、小ク見エマス。

二　暖ニナレバナルホド、木ノ芽ガ、速ク生長シマス。

(6-36)

三　稻ノ穗ワ、熟セバ熟スホド、頭ヲサゲマス。

第十二課　水と陸

割合、　　棲む、　　示す、

平野、　　岩、　　地球儀

　先生わ、地球儀を見せて、地球のことを生徒に説明しています。

先生　地球の形わ、球のように圓いものである事わ、知つているでしよう。(6-37)

これわ、地球儀といつて、地球の形を示すものです。

地球の表面にわ、水のところと、陸のところとがあります。この青い所わ水で、他の色の所わみな陸です。

生徒　それでわ、水の所わ、陸の所よりも、廣いので、ございますか。

先生　そうです。水が三なら、陸が一の割合です。

陸わ、水の三分の一しかありません。ですから、水が陸の中にあるのでわなくて、(6-38)

陸が水の中にあるのです。

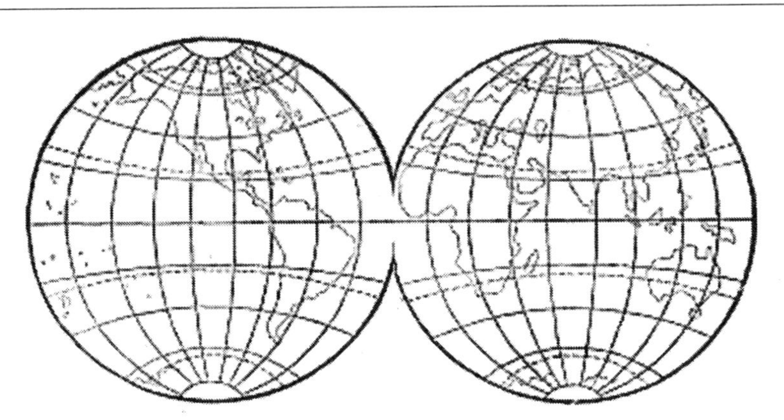

この地球儀の表面に書いてあるとうり、陸地
わ、いくつにも分れて、水に圍まれています。
大な陸地わ、大陸といつて、小な陸地わ、島と
いうのです。三方水に圍まれて、一方大陸に續
いている陸地わ、半島といいます。(6-39)
韓國わ半島で、日本わ島です。そして、清國わ
大陸の中にあります。
又、地球の表面わ、悉く陸地で、その低い所
え、水が溜つているといつてもよいのです。海
の底にも、岩や砂や土があつて、いろいろな植
物も生えて、 動物も棲んでいます。

地球の表面で、一番高い所が山で、一番低い所が海の底で、その間が平野です。(6-40)

第十三課　晝夜

蠟燭　　正面　　半面　　離れる、

　太陽わ、朝、東から出て、夕方、西えはいつて、夜の間に、地球の向う側をまわつて、西から東の方え行くように見えましよう。けれども、ほんとうわ、太陽が廻つているのでわなくて、地球が廻つているのです。

　蠟燭え火をつけて、地球儀からすこし離れた所え置いて、

(6-41)

地球儀をまわしてごらんなさい。地球儀の半面わ暗くて、半面わ明いでしよう。そして、地球儀が廻れば廻るほど、暗いところわだんだん明くなつて、明い所わ段段くらくなりましよう。

　太陽わ蠟燭のようなもので、地球わ地球儀のようなものです。太陽わ、いつも、地球の半面を照らしていますから、地球わ、いつも、半面わ明くて、半面わ暗くなつています。そして、明い所わ晝で、暗い所わ夜です。(6-42)

　地球儀わ小いから、ちよつとの時間で、まわります。けれども、地球わ大層大いものですから、一ぺん廻るのに、長い時間がかかります。

　地球わ一ぺんまわるのに、二十四時間かかります。今ちようど、太陽のほうえ、正面に向いているところが、一廻して、又正面になるまでにわ、二十四時間かかるのです。地球が一廻する間を、一晝夜といいます。(6-43)

第十四課　老人三人の話

教師、　　習慣、　　方法、　　長生、

仕事、　　衛生、　　旨イ、

　アル村ニ、老人ガ三人ゴザイマシタ。一人ワ教師デ、一人ワ醫者デ、一人ワ農夫デゴザイマス。

　三人トモ、七十以上デゴザイマスガ、タイソウジョウブデゴザイマシタ。或人ガ、ジョウブデ長生スル方法ヲ、ソノ三人ニ尋ネマシタラ、三人ワ、コウ答エマシタ。(6-44)

教師　　私ワ、長生スル方法トイツテ、別ニ考エタ事ワゴザイマセン。タダ、子供ガスキデ、毎日學校エ行クコトヲ、樂ニシテイマス。マタ、若イ時カラ、運動ガスキデ、毎朝、早ク起キテ、散步ニ行キマス。雨ガ降ツテモ、雪ガ降ツテモ、散步ニ出ナイ日ワゴザイマセン。

　　　　コンナ事ガ、長生ノ原因カモシレマセン。

醫者　　私ワ醫者デスケレドモ、自分ノ體ノコトニワ、アマリ注意シタコトガゴザイマセン。(6-45)

タダ、一度ニ澤山食ベタリ、飲ンダリスル事
ワ、決シテゴザイマセン。コレワ、小イトキカ
ラノ習慣デゴザイマス。

コンナ事ヨリホカニ、長生ノ原因ワ、ベツニア
リマセン。

農夫　私ワ、毎日野エ出テ働クノガ、仕事デ、ソレガ
マタ、何ヨリノ樂デゴザイマス。學問シタ事ノ
ナイモノデ、「今オマエヲ殺ス」ト書カレテモ、
知ラナイヨウナモノデゴザイマス。(6-46)

デスカラ、衛生ダノ、清潔ダノトイウコトワ、
何ノコトカ、チツトモ知リマセン。又、旨イ物
ナドワ、食ベヨウト思ツテモ、食ベラレル身分
デモゴザイマセン。

ソレデモ、コンナニジヨウブデ、長生シテイマ
スカラ、自分デモ、不思議ニ思ツテイマス。

第十五課　冬ノ植物

脱グ、　　　ナル、　　　　枝、

部分、　　　カケル、(6-47)

秋ノ末カラ、冬エカケテ、木ノ葉ワ、大抵落チテシマイマス。冬ニナツテ、葉ノナイ木ヲ見ルト、マルデ枯レテシマツタカト、思ワレマシヨウ。

ケレドモ、アレワ、枯レタノデワアリマセン。枝ノサキノ葉ノ落チタ所ヲ、ヨクゴランナサイ。小イ芽ガアツテ、厚イ皮ニ包マレテイマス。

冬ニナツテ寒クナルト、我我ガアツイ着物ヲ着ルヨウニ、木ノ芽モ厚イ皮ニ包マレテ、寒サヲ防グノデス。ソシテ、春ニナツテ暖ニナルノヲ待ツテ、(6-48)
芽ワ、ダンダン、コノ皮ヲ脱イデ、生長スルノデス。

木ワ、新芽ヲ出スハカリデナク、又子孫ヲ殖スタメニ、實ガナリマス。桃ノ木ナドワ、人ニ食ベラレルタメニ、實ガナルノデワアリマセン。

　實ノ中ニワ、種子ガアツテ、種子ノ中ニワ、小イ芽ガアリマス。種子ワ、アノ小イ芽ヲ、保護シテイルノデス。春ニナツテ、暖ニナルト、小イ芽ワ、種子ヲ破ツテ、生長スルノデス。(6-49)

　草ワ、タイテイ、枯レテシマイマス。ケレドモ、枯レタヨウニ見エテモ、根ダケ生キテイテ、春ニナツテ、芽ノ出ルモノモアリマス。

　マタ、枯レテシマウモノデモ、枯レル前ニ、實ガナツテ、子孫ヲフヤシマス。我我ノ毎日食ベテイル米ワ、稻ノ實デ、アノナカニワ、目ニ見エナイホド小イ芽ガアルノデス。

第十六課　果物と野菜

幹　　　大根、　　梨　　　瓜 (6-50)

蕪　　　茄子、　　林檎、

　植物の根や幹や葉や實にわ、食べられるものが、澤山ございます。

　實ばかり食べられて、根や幹や葉の食べられないものもあるし、葉や根わ食べられるが、却つて實の食べられないものもございます。

　梨や桃や林檎のように、果物わ、大抵、實ばかり食べます。大根や蕪のように、野菜わ根と葉を食べる物が、多うございます。茄子や瓜などわ、(6-51)
野菜でございますが、根や葉を食べないで、實ばかり食べます。

　果物わ、大抵、夏の末から秋の末までに、實のなる物が、多うございます。冬と春、實のなる物わ、ほとんどございません。

　けれども、冬と春、食べるために、(6-52)
果物を貯えておく事ができます。野菜も、夏と秋わ最も多く
て、冬わ少うございます。けれども、根を食べる野菜わ、果
物のように、冬も貯えておくことができます。

第十七課　動物の食物

肉類、　元氣、　狼　羊、　尖る、

弱る、　交ぜる　齒、

　動物にわ、肉類を食うものと、野菜やくだものや穀物のような植物を食うものと、あります。(6-53)

　獅子や虎や狼などわ、肉類ばかり食います。牛や馬や羊わ、植物ばかり食います。又、人わ、植物と動物と、両方食べます。

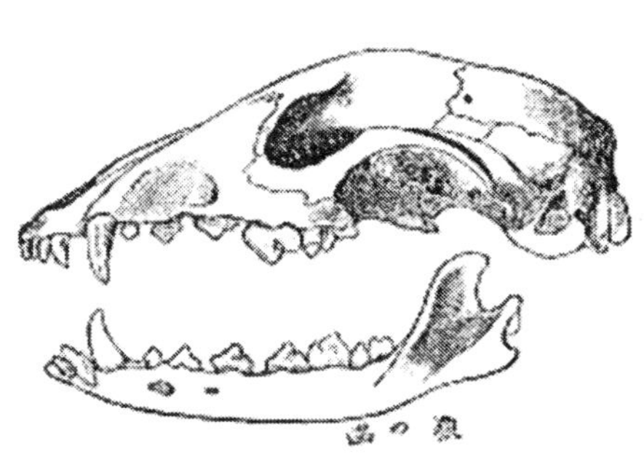

　氣をつけて、動物の歯をごらんなさい。肉類を食う動物の歯わ、皆尖つていて、植物を食う動物の歯わ、平です。人の歯わ、平ですけれども、上にも下にも、左右に一本ずつ、四枚、(6-54)

少し尖つた歯がありましよう。この四枚わ、肉類を食べる歯です。

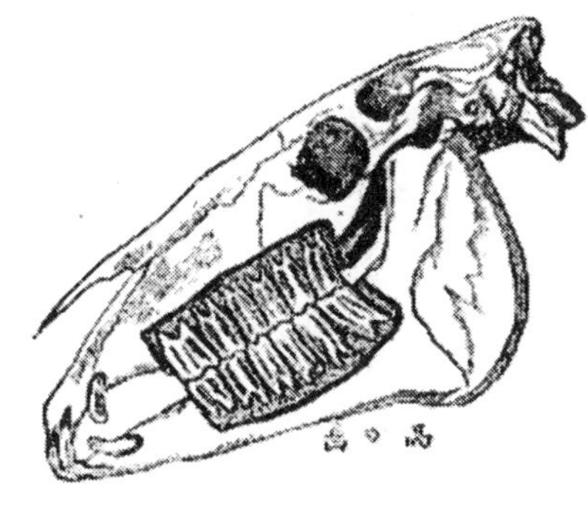

もし、人が半年も一年も、肉類ばかり食べていたら、却つて、體が弱ります。又、植物ばかり食べていたら、色が青くなつて、段段痩せて、元氣もなくなります。ですから、我我わ、植物と動物を、良いかげんに、交ぜて食べなければなりません。(6-55)

練習

一　大人の歯わ、上下十六枚ずつございます。

二　子供の歯わ、上下十四枚ずつございます。

三　仁川と京城に、三日間ずつ滞在しました。

第十八課　胃の說諭 一

先ず　　たまる　　胃　會
失敬　　めいめい　贊成

ある時、目と耳と鼻と口と手と足と、これだけ (6-56)
集つて、相談會をひらきました。口が、まず、言いだしました。

胃が、うまいものを食べたり、飲んだりすることの、できるのわ、皆、われわれの力です。けれども、胃わ、すこしも、禮を言いませんが、甚だ失禮でわ、ありませんか。

これから、我我わ、はたらく事を止めて、胃をこまらせようと思いますが、諸君のお考わ、どうですか。(6-57)

目も鼻も手も足も、皆、贊成しました、そして、足わ歩くことを止めるし、手わ物を取ることを止めるし、目わ見ることを止めました。鼻も耳も、みな、自分のする仕事を、止めました。

　誰も食物を取つてくれないから、胃も仕事を止めなければならなくなりました。

　四五日たつと、足わ、弱つて、歩こうと思つても、歩けず、手わ、物を取ろうとしても、取れなくなりました。目わ、落ちこんで、耳わ、きこえなくなりました。(6-58)

　口わ、何か食べたくても、手が取つてくれないから、食べられません。水が飲みたくても、足が水のあるところえ、歩いていつてくれないから、飲めません。

　手も足も耳も目も、みな、色色考えてみましたけれども、なぜこんなに弱つたか、その原因が、わかりません。ですから、また、會を開いて、相談しました。(6-59)

第十九課 胃の說諭 二

喚ぶ、　　席上、　　自慢、　　滋養分、

送る、　　消化　　感心、　　養う、

　みな集つて、色色相談しましたが、どうしても、原因がわかりません。口わ、胃を困らせようと、第一に言いだしたのですけれども、あまり、自分が苦しいものですから、胃を喚んできて、原因を聞こうと、言いだしました。胃わ、相談會の席上で、皆に說諭しました。(6-60)

　諸君わ、僕が、唯、毎日、飲んだり、食べたりしているばかりで、何もしないと、思つているが、それわ、大な間違である。又、諸君の取つてくれた食物を、僕がひとりで、食べていると、思つているそうだが、それも、大なまちがいである。

　僕わ、その食物を消化して、からだの方方え、送つている。そして、諸君わ、僕の消化したものを、毎日食べているのである。(6-61)

もし、諸君の取つてくれた食物を、僕がそのままにしておけば、何にもならない。これを滋養分にして、諸君を養うのが、僕の仕事である。それで、僕わ忙しくて、殆どやすむこともできない。こういうと、僕が自慢をするようだが、決してそうでわない。

僕わ、食物がほしいと思つても、手が取つてくれなければ、どうすることもできない。

手わ、食物を取ろうと思つても、(6-62)

足が歩いてくれなければ、食物のあるところえわ、行けまい。また、手や足も、目が見てくれなければ、食物がすぐ近い所にあつても、取る事わできまい。

こういうように、我我わ、みな、たがいに、自分の仕事をしているのである。それがよくわかつたら、ほかの事わ考えずに、めいめい、よく、じぶんのしごとをしたまえ。それが、おうぜいのためで、また、自分のためになるのである。(6-63)

　手も足も目も口も、みな、胃の言うことに、感心しました。そして、めいめい、熱心に、その仕事をしましたから、十四五日のうちに、みな、元の通り、元氣よくなりました。

こういうように
そういうように
ああいうように
どういうように

}

する
なる
言う (6-64)

第二十課　郵便切手ノ話 一

配達　　賃錢、　ワザワザ、　　郵便屋、

渡ス、　收入、　メンドウ、

　ムカシ、切手ヤ端書ノナカツタ時ニワ、郵便ヲ配達スル賃錢ワ、差出人ガ拂ワナイデ、受取人ガ拂ツテイタノデス。郵便屋ワ、手紙ヲ配達シテ、受取人ガ、ソレヲ受取レバ、賃錢ヲ受取ツテ、渡シマス。モシ、受取ラナケレバ、郵便屋ワ、又持ツテカエツタノデス。(6-65)

　昔ワ、今ノヨウニ、郵便ヲ出ス人ガ、オウゼイワナカツタカラ、賃錢モ、ズイブン、高カツタノデス。

　一本ノ手紙ニ、五拾錢カラ壹圓五拾錢マデ、拂ワ、ナケレバナラナカツタノデス。デスカラ、貧乏人ワ、賃錢ガ拂エナイカラ、手紙ガ來テモ、受取ルコトガ、デキナカツタノデス。

　郵便局デモ、ワザワザ配達シタ手紙ヲ、受取人ガ受取ラナイカラ、損ヲシナケレバナラナカツタノデス。デスカラ、郵便局ノ人ワ、ドウカシテ、(6-66)

郵便局デ、損ヲシナイヨウニ、シタイトオモツテ、色色考エ
テイマシタ。

　差出人ニ、賃錢ヲ拂ワセレバ、配達スルマエニ、賃錢ヲ受
取ツテシマイマスカラ、郵便局デ損ヲスルコトワ、アリマセ
ン。ケレドモ、ソウスルト、郵便ヲ出ス人ガ、減リマスカ
ラ、郵便局ノ收入ワ、殖エマセン。又、收入ガ殖エルトシテ
モ、差出人カラ、イチイチ賃錢ヲ受取ルノワ、メンドウナ事
デス。(6-67)

　メンドウヲ少クシテ、收入ヲ多クスルタメニ、切手ヲ貼ル
ヨウニ、ナツタノデス。

第二十一課　郵便切手ノ話 二

誠二、　　無事、　　官吏、　　セツカク、

若イ、　　親切、　　改良、

　今カラ八十年バカリ前ノコトデシタ。アル學者ガ、いぎりすノ田舎道ヲ散歩シテ、小ナ家ノ前エ、來マシタ。

　チヨウド、ソコエ、郵便屋、ガ手紙ヲ持ツテキマシタ。

(6-68)

　家ノ中カラ、若イ娘ガ出テキテ、チヨイトソノ手紙ヲ見タバカリデ、スグ郵便屋エ返ソウトシマシタ。

　學者ワ、ソレヲ見テ、コウ思イマシタ。

　セツカク手紙ガ來タノニ、娘ガ受取ラナイノワ、賃錢ガ高イカラデアロウ。

(6-69)

コウ思ツテ、ソノ賃錢ヲ、拂ツテヤリマシタラ、郵便屋ガ歸ルト、娘ワ、學者ニ、コウ言イマシタ。

ゴ親切ワ、誠ニアリガトウゴザイマスガ、コノ中ニワ、何モ、ハイツテイナイノデゴザイマス。コノ手紙ワ、私ノ兄カラ參ツタノデ、ゴザイマス。兄ガ家ヲ出ル時ニ、コウ申シマシタ。

手紙ノヨウナモノニ、高イ賃錢ヲ拂ウ事ワ、デキナイカラ、タダ、トキドキ、カラノ狀袋ヲ送ロウ。(6-70)

チヨイト見テ、何モハイツテイナケレバ、無事ダト思エ。ソシテ、狀袋ワ、スグ郵便屋エ返セ。

コウ申シマシタカラ、兄カラ手紙ガ參ツテモ、何時モ、受取リマセンデ、返シテイルノデゴザイマス。

ソノ學者ノ友ダチニ、郵便局ノ官吏ガアツタカラ、學者ワ、娘ニ聞イタ事ヲソノママ、友ダチニ話シマシタ。(6-71)

ソノ官吏ワ、早クカラ、郵便ノ事ヲ熱心ニ考エテイマシタガ、コノ話ヲ聞イテマスマス、郵便ヲ改良シナケレバナラナイト、思イマシタ。

第二十二課　郵便切手ノ話 三

工夫、　　一樣、　　手間、　　方(カタ)、
距離、　　遠近、　　イヨイヨ、

ソノ官吏ワ、イロイロ工夫シテ、二通リノコトヲ、考エダ
シマシタ。一ツワ、遠クテモ、近クテモ、賃錢ヲ一樣ニスル
コトデス。モウ一ツワ、切手ヲ工夫シタコトデス。(6-72)

今マデノヨウニ、距離ノ遠近ニヨツテ、賃錢ヲ違エテオク
ト、——距離ヲ調ベテ、賃錢ヲ受取ラナケレバナリマセン。
スルト、ズイブン手間ガカカリマスカラ、人モ大勢ツカワナ
ケレバナリマセン。距離ガ遠クテモ、近クテモ、賃錢ヲ一樣
ニシテオケバ、人モ大勢イラナイシ、郵便モ早ク送ルコトガ
デキマス。

又、コレマデノヨウニ、手紙ヲ出スタビニ、(6-73)
——郵便局エ行ツテ、賃錢ヲ拂ウノワ、差出人モ、郵便局ノ
人モ、ズイブン手間ガカカリマス。切手ヲ買ツテオイテ、何
時デモ、手紙ノ出シタイトキニ、貼ツテ出セバ、タイソウ便
利デス。

ソレカラ、又、ソノ官吏ワ、賃錢ヲ廉クスル事ヲ考エマシタ。今言ツタヨウニ、郵便ノ出シ方ヲ便利ニシテ、賃錢ヲ廉クスレバ、郵便ヲ出ス人ガ急ニ殖エマスカラ、郵便局ノ收入ワ、殖エル事ガアツテモ、減ル事ワナイト、言イマシタ。始メテコレヲ聞イタ人ワ、(6-74)

皆笑イマシタガ、段段說明ヲ聞イテミルト、便利ナコトガ、ワカツタモノデスカラ、贊成スル人ガ、大勢デキマシタ。

ソシテ、イヨイヨ、ヤツテミルト、タイソウ便利デシタ。ソノ官吏ノ言ツタヨウニ、手紙ヲ出ス人ガ急ニ殖エテ、郵便局ノ收入モ殖エマシタ。外國デモ、コノ話ヲ聞イテ、マネヲシマシタカラ、スグニ、世界中ニ廣ガリマシタ。(6-75)

練習

一　手紙ノ書方ヲ、知ツテイマスカ。

二　勉強ノシカタガ惡イト、損デス。

三　今ノ說明ノシカタワ、ヨウゴザイマス。

四　米ノ直段ワ、高クナル事ガアツテモ、廉クナル事ワナ
　　イデシヨウ。

五　汽車ワ、九時ヨリ早ク着ク事ガアツテモ、遲ク着ク事
　　ワアリマセン。(6-76)

日語讀本卷六　終

隆熙二年三月印刷

編纂

大倉書店印刷

學部編纂

日語讀本 卷七

第4學年 1學期

學部編輯局出版

學部編纂

日語讀本　卷七

大倉書店印刷

卷七 [4學年 1學期, 1908] 目 次

第一課　雨と雪　一

神樣　　　池　　　はく

想像　　　腹

　山口と松川と、雨の降る日に、學校からかえりながら、雨わ何所から降るかという事について、議論しています。二人とも、どうして降るのか、知りません。ただ、めいめいの想像で、議論しているのです。(7-1)

山口　　僕わ、天に大な池があつて、その水を、神樣が、降らせるのだと思う。

松川　　僕わ、天におうきな魚が居て、水をはくのだと思う。君の言うように、池に溜つているとすれば、何時か、水のなくなるときが、來なければならない。魚がはいているとすれば、魚の體から出てくるのだから、幾ら降つても、なくなる事わない。

山口　　池に溜つているだけの水なら、君の今いう通り、(7-2)

なくなる事もある。けれども、池の水がなくな
れば、神様がまた入れておくから、決してなく
なる事わない。

君の言うように、魚の腹の中に、溜つている水
を、魚がはくのだとすれば、それこそ、すぐ、
なくなつてしまう。

二人わ、道の眞中え立つて、議論していました。

そして、うしろから先生の來たのを、少しも知りませんで
した。(7-3)

「眞赤になつて、何を議論しているのですか」と言われて、
二人わ驚きました。

山口　いま、雨がどこから降るか、二人で議論してい
　　　るのです。先生、雨わどこから降るのでしよう
　　　か。

先生　それわ、むずかしい事で、また大切な事ですか
　　　ら、明日學校で、みなといつしよに、話してあ
　　　げましよう。(7-4)

第二課　雨と雪　二

熱　　冷す　　空中　　あたる　　あくる日

湖　　樣々　　くつつく

　あくる日、先生わ、みなの生徒に、雨わどうして降るか、話してきかせました。

　雨わ、もと、この地球の上にあつた水です。海や川や湖などの水が、太陽の熱で温つて、水蒸氣になると、空中え飛んでしまいます。そして、その水蒸氣わ、寒い風や冷い山などにあたれば、冷えて、小い水球になります。

(7-5)

この水球わ、大そう輕いから、風に吹かれて、色々な形になつて、方々え飛んでいきます。これが雲です。雲わ、太陽の光を受けると、樣々の色にもなりますけれども、よく見れば、小な水球の集つたものです。

雲が一層冷えると、大な水球ができます。

それが、たくさん、くつついて、一層大な水球になると、地上え落ちてきます。これが雨です。ですから、雨の降るのわ、地上にもとあつた水が、(7-6)

また地上え歸るのです。天に大な池があつたり、魚が居たりするのでわ、ありません。

雪も、雨と同じものです。唯、あまり寒い時にわ、雨が、凍つて、雪になるのです。

今まで雪の降つていたのが、何時のまにか、雨になつている事が、あるでしよう。あれわ、空氣が溫くなつて、雨がこうらなくなるからです。また、雨の降つていたのが、すぐ雪に變るのわ、(7-7)

空氣が冷くなつて、雨が凍るからです。

練習

一　夏になると、暑くなるのわ、太陽がちかくなるからです。

二　冬になると、太陽が遠くなるから寒いのです。

三　春になると、暖になるから、草や木の芽が出るのです。(7-8)

四　子供の泣くのわ、何かほしいからです。

五　蝶や蜂が、花を捜して、飛んであるくのわ、花の中に、うまい食物が、あるからです。

第三課　日本

順　　　戰爭　　　讓ル

　日本ワ、東北カラ西南エ、ナガク延ビテイル國デス。日本ニワ、島ガ、カゾエラレナイホド、澤山アリマス。ソノ中デ、大ナ島ガ、五ツアリマス。(7-9)

(7-10)

北ノホウカラ、順ニ言ツテミマスト、北海道、本州、四國、九州、臺灣デス。コノウチ、本州ガ一番大クテ、四國ガ一番小ウゴザイマス。

北海道ノ東北ニ、小イ島ガ、澤山ツズイテイルデシヨウ。アレヲ千島トイウノデス。又、九州ト臺灣ノ間ニモ、小イ島ガ、タクサン續イテイルデシヨウ。アレヲ琉球トイウノデス。

千島ノ北ノ端カラ、臺灣ノ南ノ端マデワ、凡ソ千二百里モアルノデス。臺灣ワ、モト清國ノ物デシタガ、(7-11)日清戰爭ノ時ニ、清國ガ、日本ニ讓ツタノデス。

マタ、北海道ノ北ニ、樺太(カラフト)トイフ長イ島ガアリマス。モト、ろしやノモノデシタガ、日露戰爭ノ時ニ、ろしやガ、南ノ方ヲ半分ダケ、日本ニ讓ツタノデス。コノ地圖デゴランナサイ。黒イ所ガ日本ノデ、白イ所ワろしやノデス。

第四課　朝鮮と日本との交通

漢學　　職工　　天子樣 (7-12)

交通　　雇う　　都

　日本わ島國ですから、朝鮮や支那よりも、遲く開けました。

　この三つの國の中で、支那が一番早く開けて、色々なことを、朝鮮や日本に、敎えました。

　朝鮮が先ず支那から習つて、それをまた、日本に敎えたのです。

　朝鮮と日本と交通を始めたのわ、今から何年前だか、わかりませんが、朝鮮の學者や職工などが、(7-13)
おうぜい日本え行くようになつたのわ、凡そ千六百年ばかり前のことでした。その時分わ、朝鮮わ、日本よりも、よくひらけていましたから、日本でも、朝鮮の人を雇つて、色々なことを習いました。始めて日本え行つて、日本の人に漢學を敎えた人わ、王仁という人でした。

　そのじぶん、日本の天子様わ、奈良という所の近所に、おいでになりましたから、朝鮮の學者や職工わ、たいてい其所え行つたのです。朝鮮人が行つてから、(7-14)
いろいろな家などができて、奈良わ段々立派な都になりました。

　奈良え行つてごらんなさい。朝鮮人の造つたもので、今の朝鮮人に造れないような立派なものが、今でもございます。

　日本え雇われていつた朝鮮人の內で、その後、また歸つてきた人もありましたが、日本の人になつてしまつたものも、大勢ありました。ですから、今の日本人の中にわ、そのときの朝鮮人の子孫も、ずいぶんありましよう。(7-15)

練習

一　昨日買つた紙の內にわ、破れたのも、隨分ございました。

二　日本人で、朝鮮人になつたのも、朝鮮人で、日本人になつたのも、ございました。

三　算術の問題が、五つあつた內で、できないのわ、一つもございませんでした。

四　忘れていたのが、一つございました。(7-16)

第五課　日本と支那との交通

遣る　　建てる　　寺　　首府

遷る　　負ける　　留學生

　朝鮮人がいろいろな事を教えたから、日本わだんだん開けました。その後、支那と交通する事が始つてからわ、今まで朝鮮人に習つていた事を、今度わ、支那人から習うように、なりました。

　それわ、今から凡そ千三百年ばかり前の事ですから、朝鮮の學者や職工などがおうぜい、(7-17)

　日本え行くようになつてから、三百年ばかり後のことです。

　そして、支那からいろいろな人が來たばかりでなく、日本からも、大勢留學生を、支那え遣つて、いろいろな事を習わせました。

　そのじぶん、支那わ大層開けていて、都も大く、町も家も立派でしたから、日本から行つた人わみな、驚きました。

　支那から歸つた留學生わ皆、支那のよく開けている事や、

(7-18)

都の大な事や、家の立派な事などを、賞めましたから、日本でも、負けない氣になつて、奈良え、大な都を造りました。この時分建てた大な寺などわ、今でも、奈良に殘つています。

　それから、日本わますます開けて、奈良の都も狹くなりましたから、今から千百年ばかり前に、今の京都え、都を遷しました。

　その後、長く京都わ日本の首府でしたが、日本が世界の國々と交通するようになつてからわ、(7-19)
京都もまた狹いから、東京え都を遷したのです。

　京都わ、京城のように、まわりに山があつて、狹い所です。東京わ、どつちを見ても、山の見えないような廣い平野の中にあります。

第六課　日本ノ府懸

府　　郡　　知事　　分レル　　役所
市　　廳　　觀察使　長官

韓國ワ十三道ニ分レテイマスガ、日本ワ三府ト四十三縣ニ分レテイマス。三府トイウノワ、(7-20)
東京ト大阪ト京都ノコトデス。ソシテ、北海道ト臺灣ト樺太(カラフト)ワ、別ニナツテイルノデス。

府ヤ縣ノ役所ヲ、府廳、縣廳トイツテ、ソノ長官ヲ、府知事、縣知事トイイマス。

東京府ノ役所ヲ、東京府廳トイツテ、ソノ知事ヲ、東京府知事トイイマス。マタ山口縣ノ役所ヲ、山口縣廳トイツテ、ソノ知事ヲ山口縣知事トイイマス。

府縣ワ、韓國ノ道ノヨウナモノデ、府縣知事ワ、(7-21)
觀察使ノヨウナモノデス。

府ヤ縣ノ下ニワ、市ヤ郡ガアリマス。市ヤ郡ノ長官ヲ、市長、郡長トイツテ、ソノ役所ヲ、市役所、郡役所トイイマス。

東京市ワ東京府ノ內ニアツテ、大阪市ワ大阪府ノ內ニアリマス。マタ京都市ワ京都府ノ內ニアリマス。

第七課　新橋のすてーしよん

合鑑　　赤帽　　人力車　　馬車 (7-22)

番號　　冠る　　荷物取扱室

　こゝわ新橋のすてーしよんです。人が大勢集つているでしよう。あの中にわ、今着いた人もあるし、これから汽車え乘る人もあります。また見送りに來た人もありましよう。

(7-23)

　すてーしよんの外にわ、人力車や馬車などが、たくさんあります。あの馬車わ、大抵、金持の人か、身分のよい人が、自分で持つているのです。

　すてーしよんの中にわ、待合室や荷物取扱室などがあります。荷物取扱室え行つて、切符を見せると、荷物をあずかつて、合鑑をくれます。汽車の着いた時に、そこのすてーしよんの荷物取扱室え行つて、合鑑を出すと、あずけた荷物わ、返してくれます。(7-24)

　また、小い荷物わ、汽車の中え持つてはいれるのです。そこに、荷物を持つて、向うの方え行く人が、二三人ありましよう。あれわ、赤い帽子をかぶつているから、赤帽というのです。赤帽わ、すてーしよんに居て、客

の荷物を運ぶ人です。少しばかり金をやれば、荷物を運んでくれます。(7-25)

赤帽わみな正直です。もし、少しでも、不正直なことをすると、すてーしよんの役人が、すぐにやめさせて、もう來られないようにしますから、正直なものばかりです。

赤帽の着物に、番號がつけてありましよう。荷物をわたす時に、よくその番號を見て、覺えていれば、間違つても、すぐわかります。

第八課　宿屋 一

戸口　　茶　　座蒲團　　勞レル (7-26)

部屋　　鞄　　煙草盆

　中村ト寺內トフタリワ、宿屋エ着キマシタ。フタリガ、車

カラ下リテ、戸口ヲハイルト、番頭ガスグ出テキマシタ。

番頭　　イラツシヤイマシ。

番頭　　オ客樣ダヨ。

　番頭ノ聲ヲ聞イテ、女中ガ出テキマシタ。

女中　　イラツシヤイマシ。

番頭　　十八番エ、ゴ案內。(7-27)

　女中ワ、「サア、ドウゾ、コチラエ」ト言ツテ、十八番ノ部

屋エ、案內シマシタ。ソシテ、座蒲團ヲ出シテオイテ、スグ

ニ、下エ行キマシタ。五分バカリタツテ、煙草盆ト茶ヲ持ツ

テキテ、フタリニ茶ヲ出シテ、

女中　　ドチラカラ、イラツシヤイマシタカ。

寺內　　平壤カラダ。

女中	ソレデワ、ズイブン、オ勞レデゴザイマシヨウ。少シオ休ミニナリマシタラ、オ湯ニ、ゴ案内イタシマシヨウ。(7-28)
	汽車エオアズケニナツタオ荷物ワ、ゴザイマセンカ。
中村	一ツアルノダガ、取ツテキテクレルカ。
女中	ヨロシウゴザイマス。スグニ、取リニヤリマス。
	合鑑ワ、オ持チデゴザイマスカ。
中村	アヽ、コレダ。

女中ワ、合鑑ヲ受取ツテ、下エ、下リテイキマシタ。(7-29)
二人ワ、鞄カラ着物ヲ出シテ、着カエマシタ。

中村	ズイブン、勞レマシタネ。
寺內	汽車ガ、コンデイマシタカラネ。ケレドモ、宿屋エ着イテ、着物ヲ着カエタ時ノ氣持ワ、何トモ言エマセンネ。

第九課　宿屋 二

宿泊料　　茶代　　翌朝　　平野水　　札

勘定書　　合計　　承知　　スマセル

　二人ワ、湯ニハイツテカラ、夕飯ヲスマセマシタ。(7-30)

ソレカラ、女中ヲ呼ンデ、

中村　　　明日ワ、午前八時ノ汽車デ、釜山ノ方エ行クノ

　　　　　ダカラ、六時半ニオコシテクレ。ソシテ、スグ

　　　　　朝飯ヲ出シテクレ。

女中　　　カシコマリマシタ。

　翌朝(アクルアサ)ハヤク、女中ガ來テ、起シマシタ。二人

ワ、アマリ勞レタカラ、ヨク眠ツテイマシタ。

寺內　　　汽車ニ乘遲レテワ、イケナイカラ、飯ヲ速ク出

　　　　　シテクレ。勘定書モ、持ツテキテクレ。(7-31)

女中　　　勘定書ワ、オフタリ、ゴイツシヨデ、ヨロシウ

　　　　　ゴザイマスカ。

寺內　　　ソレデ、ヨロシイ。

女中ワ、スグ下エ下リテ、飯ヲ持ツテキマシタ。

ソシテ、勘定書モ持ツテキマシタ。勘定書ニワ、コウ書イ

テアリマシタ。(7-32)

記

一金參圓也　宿泊料御二人前

一金貳拾四錢也　平野水二本

合計金參圓貳拾四錢也

寺內ワ、五圓札ヲ出シテ、

寺內　　コレデ、取ツテクレ。壹圓ダケ茶代。アトワ、

オ前ニアゲル。

女中　　アリガトウゴザイマス。

　番頭ガ來テ、「オ車ガ參ツテイマス」ト、(7-33)

言イマシタ。

二人ワ、女中ト番頭ニ、荷物ヲ持タセテ、下リテイキマシ

タ。ソシテ、車エ乗ルト、女中ト番頭ワ、高イ聲デ、イツシ

ヨニ、「アリガトウゴザイマスオ靜ニ」ト、言イマシタ。

翌朝(アクルアサ)　　翌晩(アクルバン)

翌日(アクルヒ)　　翌月(アクルツキ)

翌年(アクルトシ)

第十課　書籍の注文

定價　　廣告　　本屋　　受取

郵稅　　注文　　爲替　　組む (7-34)

　木村さんわ、世界の地圖のよいのを、買いたいと、思つていました。ある朝、新聞を見ていたら、こんな廣告がありました。

世界地圖(定價金壹圓五拾錢　郵稅金參拾錢)

はやく買つて見たいと思つて、京城中の本屋え行つて、聞いてみましたけれども、どこにも、ありません。仕方がないから、郵便局え行つて、壹圓八拾錢の爲替を組んで、東京の本屋え、注文をしました。(7-35)

　十日ばかりたつて、東京から、紙包を送つてきました。また、手紙も來ました。木村わ、はやく見ようと思つて、急いで紙包を開けましたら、中に、奇麗な地圖の本が、入つていました。

記

一金壹圓五拾錢　世界地圖一部
一金參拾錢　郵稅
合計金壹圓八拾六錢也
右正ニ受取候也
七月十日　東京書籍會社
木村　様

　そして、手紙の中にわ、こういう受取が、はいつていました。(7-36)

第十一課　動物と植物　一

肥料　　　助けあう　　　旨い

こな　　　知らずに　　　汁

　動物が、植物の葉や根や實を食う代りに、動物の體から出たものが、植物の肥料になることわ、皆さんも、よく知つているでしよう。このほか、人の氣のつかない事で、動物と植物と、互に助けあつている事があります。

　蜂や蝶が熱心に花を尋ねて飛んであるくのわ、(7-37) なぜだと思いますか。花の中にわ、甘い汁があつて、その汁わ、蜂や蝶の一番すきな食物です。

蜂や蝶わ、この甘い汁を吸おうと思つて、花から花えと、飛んであるくのです。(7-38)

　こういうと、みなさんわ、花わ蟲のために咲いているのだと、思うでしよう。けれども、蟲わ花から旨い食物を貰う代りに、花のために、大切な仕事をしているのです。

　また、蜂や蝶の頭や足にわ、細い毛がたくさん生えていましよう。熱心に汁を吸つている間に、花のこなが、その毛えつきます。そのこなを、蜂や蝶わ、何とも思わずに、他の花え運んでいくのです。(7-39)

　ですから、蟲わ花に旨い汁を吸わせてもらうし、花わ蟲にこなを運んでもらつて、互にたすけあつているのです。

見ずに	見ないで
言わずに	言わないで
聞かずに	聞かないで
思わずに	思わないで
知らずに	知らないで
問わずに	問わないで (7-40)

第十二課　動物と植物　二

　　　室内　　　しめる　　　常に　　　要る

　動物が、呼吸するときに、吸いこむ空氣わ、良い空氣で、呼きだす空氣わ、惡い空氣です。小な室の戸をしめて、そこえ大勢人がはいつていると、頭がいたくなります。それわ、人の呼きだした惡い空氣が、室内えたまるからです。

　長いあいだ、町のなかに居てから、急に野原え出ると、(7-41)たいそう氣持がよくなるでしよう。町のなかにわ、人が大勢居て、空氣がわるくなつています。その惡い空氣を吸つていたのが、急に野原の良い空氣を吸うからです。

　ですから、町に居るものわ、ときどき野原え出て、良い空氣を吸わなければなりません。また、時々戸を開けて、室内え、良い空氣を入れなければなりません。

　もし、動物の呼きだした空氣が、そのまゝになつていたとすれば、惡い空氣ばかりたまるから、(7-42)世界中の動物わ皆、死んでしまわなければなうません。

けれども、動物に悪い空氣わ、植物にわ、入用な良い空氣ですから、植物わ、動物の呼きだした悪い空氣を吸つて、動物に良い空氣を呼きだしてやります。ですから、植物わ、動物に、空氣の洗濯をしてやるのです。われわれが野原え出ると、急に氣持のよくなるのわ、植物の洗濯してくれた良い空氣を吸うからです。(7-43)

植物の呼きだした空氣わ、動物にわ、いりような良い空氣ですが、植物にわ、もういらなくなつた空氣です。動物わ、それを吸つて、植物に、良い空氣を呼きだしてやります。ですから、動物も、また、植物に、空氣の洗濯をしてやるのです。

もし、この世界に、植物ばかりあつて、すこしも動物が居なかつたとすれば、植物の呼きだした空氣ばかりたまるから、植物わ皆、枯れてしまわなければなりません。(7-44)

第十三課　よい子僧

子僧　　　卒業證書　　もつと

目的　　　なるほど　　おじぎ

　或所に、よく働いて、儉約をして、金持になつた商人があ
りました。ある時、子僧をひとり雇いたいと思つて、新聞え
廣告をしました。

　廣告を見て、申しこんだものが、五十人ばかりありまし
た。なかにわ、高等學校の卒業證書を持つてきたものもあり
ました。(7-45)

　ところが、この商人わ、卒業證書などを持つていない子供
を、雇いいれる事にしました。番頭たちわ、不思議に思つ
て、そのわけを尋ねました。

　主人の答が、たいそう面白うございます。

　あのこどもわ、高等學校の卒業證書よりも、もつとよい
ものを、私に見せた。

　第一に、あの子供わ、私の前え來たとき、一番ていねい
におじぎした。これわ、あの子供が、(7-46)

叮嚀な證據である。商人わ、客を叮嚀に扱うことに、注
意しなければならない。

第二に、あの子供わ、あとから來た小な子供に、椅子を
取つてやつた。あれで、あの子供わ、親切な事がわか
る。商人わ、客に、しんせつでなければならない。

(7-47)

たゞ利益を取ることばかりが、商人の目的でわない。
第三に、私が、あの子供に、「お前わいつも、學校で一
番か二番であつたそうだね」と、言つて聞いた時に、

「いゝえ、私わ、一番や二番になつたことわございませ
ん。たいてい、七番か八番でございました」と、こたえ
た。あれで、あの子供の正直なことがわかる。

親切と叮嚀と正直とわ、商人に、一番大切なことであ
る。(7-48)

この内、一つでもなかつたら、決して、良い商人になる
ことわできない。

あの子供わ、よいものを三つ、持つている事が、わかつ
たから、雇うことにしたのだ。

番頭たちわ、この話を聞いて、なるほどと、感心しまし
た。

練習

一　もつと澤山ありませんが。

二　もつと厚い紙を見せてください。(7-49)

三　もつとよく咲いたら、もつと奇麗になりましょう。

第十四課　東京

都會　　　土地　　　搜しにくい

宮城　　　草原　　　區

東京わ、日本の首府で、人口わ、ほとんど二百萬もあります。アジヤでわ、一番大な都會です。三百年ばかり前までわ、丸で草原でありましたが、<u>だんだん</u>開けて、今のような大な都會になつたのです。(7-50)

東京わ、十五區に分れています。京橋區とか日本橋區とかいうのわ、<u>一區一區</u>の名です。一區の中にわ、町がたくさんあります。(7-51)

又、一つの町の中にわ、家がたくさんありますから、家の建てゝある土地に、番號がつけてあります。

　ですから、東京え手紙を出す時にわ、こういうふうに書きます。

日本橋區吳服町十五番地

高　木　八　郎　樣

又、あまり廣くて、捜しにくい町わ、一丁目二丁目三丁目というふうに、小く分けてありますから、(7-52)

そういう所え手紙をおくるときにわ、こういうふうに、書か
なければなりません。(7-53)

日本橋區本町三丁目一番地

石 川 又 一 様

この地圖を、ごらんなさい。一番まんなかの區わ、麴町區
といつて、宮城のあるところです。西の方から行つた時に、
汽車の着く所わ、新橋のすてーしよんです。宮城からわ、あ
まりとうくない所にあります。

　　見にくい　　　　　讀みにくい

　　言いにくい　　　　聞きにくい (7-54)

　　書きにくい　　　　乗りにくい

第十五課　議論ト喧嘩

上品　　　讓リアウ　　　喧嘩

下品　　　ムキダス　　　唾

犬ヤ猫ナドワ、自分ノ事バカリ考エテ、ホカノモノノ事ワ考エマセン。デスカラ、少シノ肉ヲ見テモ、スグ喧嘩ヲシマス。人間モ、學問ガナクテ、下品ナ人ワ、自分ノ事バカリ考エテ、他人ノ事ヲ考エナイカラ、ヨク喧嘩ヲスルノデス。

(7-55)

學問ガアツテ、上品ナ人ワ、自分ノ事バカリ考エナイデ、互ニ讓リアウカラ、喧嘩ナドスル事ワ、殆ドアリマセン。

孔子ワ「自分ノスキナモノワ、人ニヤレ。自分ノ嫌ナモノワ、人ニヤルナ」ト、言イマシタ。孔子ノ言ツタヨウニスレバ、喧嘩ノ起ルコトワ、ナイデシヨウ。

ケレドモ、人ノ心ワ、顔ノ違ウヨウニ、皆違ツテイマス。心ガ違エバ、考モチガイマス。(7-56)

考ノ違カラ、議論ガオコルノデス。議論ト喧嘩ワ、別ナモノデス。議論ワシテモヨイガ、喧嘩ワシテワナリマセン。

下品ナ人ワ、議論ガ起ルト、スグ喧嘩ヲシマス。

上品ナ人ワ、ヨク考エテミテ、考ノ違ウトコロヲ、靜ニ言イアイマスカラ、喧嘩ヲスルコトワアリマセン。眞赤ナ顔ニナツテ、目ヲムキダシタリ、口ヲ尖ラセタリ、唾ヲ飛バシタリシテ、喧嘩シテイルノワ、見ニクイモノデス。(7-57)

第十六課　裁判所

裁判　　裁判官　　訴える　　人民　　勝つ

裁判所　　罰する　　　王　　　きまる

　昔わ、二人が喧嘩をすれば、強いものが勝つて、弱いもの
が負けると、きまつていました。弱いものわ、強いものに、
どんな無理な事をされても、こらえていなければならなかつ
たのです。

　だんだんひらけて、皇帝や王ができて、人民を保護するよ
うになつてからわ、強い者でも、無理な事わ、(7-58)
できなくなりました。

　皇帝や王の下にわ、大勢の官吏があります。官吏わ、皇帝
や王の言う事を聽いて、人民を保護するものです。

　もし、強いものが無理なことをした時に、訴えでると、官
吏わ、強い者を罰して、弱いものを保護してくれます。

　けれども、弱い者が惡い事をしたために、強い者に、苦め
られることもあります。もし、一方の言う事ばかり聽くと、

(7-59)

善い人を罰して、惡い人を保護するような事が、あるかもしれません。

　ですから、裁判所というものを置いて、訴える人と、訴えられる人と、兩方の言うことを、聽く事にしました。官吏わ、兩方の言うことを聽いて、それから、どつちが善いか考えて、裁判します。この裁判する官吏を、裁判官といゝます。

　裁判官わ、正直でなければなりません。もし、裁判官が不正直であつたなら、善いものを罰して、(7-60)
わるいものを保護するように、なりますから、裁判所があつても、何にもなりません。

第十七課　裁判所　二

財産　　法律　　默る　　生命　　勝手

　どこの國でも、昔わ、裁判官が、勝手に裁判する事が、できたのです。そして、不正直な裁判官が、惡い人から、金などを貰つて、善い人を、罰する事も、たびたびありました。

(7-61)

　今わ、法律というものができて、裁判官わ、法律によつて、裁判するように、なりました。そして、その法律わ、廣く人民に知らせてありますから、裁判官の勝手に裁判する事わ、できないのです。

　また、昔わ、人民と人民の爭わ、裁判所え訴える事ができましたが、官吏の無理な事をしたのわ、訴える所が、なかつたのです。ですから、官吏が、ずいぶん無理な事をすることも、ありました。

　官吏が、人民の持つている財産を、無理に取つても、

(7-62)

人民わ、どうする事も、できなかつたのです。財産ばかりで
なく、生命でも、官吏の勝手にする事が、できたのです。

　親が殺されても、子わ、默つて見ていなければならなかつ
たのです。又、子が殺されても、親わ、どうする事も、でき
なかつたのです。

　今わ、よく開けた國にわ、官吏のする事が、無理だと、思
つたときに、人民の訴える裁判所もあります。そんな國で
わ、人民の生命や財産が、よく保護されています。(7-63)

　ですから、人民わ、幾ら財産を造つても、むやみに人に取
られる事わ、決してありません。人を殺すとか、ひどく惡い
事をするとかしなければ、生命を取られるような事もありま
せん。

第十八課　晝夜ノ長短

新曆　　晝夜　　反對

四季　　長短　　末

夏ワ、夜ガ短クテ、晝ガ長ク、冬ワ、ソノ反對デ、(7-64) 晝ガ短クテ、夜ガ長ウゴザイマス。夏ノウチデモ、イチバン晝ガ長クテ、夜ノ短イノワ、新曆デ、六月ノ二十二三日頃デス。

ソレカラ、段々晝ガ短クナリ、夜ガ長クナツテ、九月ノ二十二三日頃ニナルト、晝ト夜ノ長サガ、チヨウド同ジニナリマス。ソノ時ワ、晝モ夜モ、十二時間ズツデ、太陽ワ、朝ノ六時ニ出テ、夕方ノ六時ニハイリマス。

九月ノ末カラ後ニワ、晝ガ夜ヨリモ、短クナリマス。(7-65) ソシテ、イチバン晝ガ短クテ、夜ノ長イノワ、十二月ノ二十二三日頃デス。

ソレカラ、又、段々晝ガ長クナリ、夜ガ短クナツテ、三月ノ二十一二日頃ニワ、又晝ト夜ノ長サガ、チヨウド同ジニナリマス。

三月ノ末カラワ、又晝ガ夜ヨリモ、長クナツテ、六月ノ二十二三日頃ニナルト、晝ガ一番長クテ、夜ガ一番短クナルノデス。

四季ノ内デ、夏ワ、晝ガ長クテ、夜ガ短ウゴザイマス。冬ワ、晝ガ短クテ、夜ガ長ウゴザイマス。(7-66)
春ト秋ワ、晝ト夜ノ長サガ、大抵同ジクライデス。

第十九課　赤道

赤道　　線　　半球　　眞上

　先生ガ、地球儀ヲ見セテ、生徒ニ、話ヲシテイマス。ソシテ生徒ワ熱心ニ聞イテイマス。

先生　　コノ地球儀ヲゴランナサイ。コ丶ニ、一本、太イ線ガアリマシヨウ。(7-67)

　　　　コレワ、何ノタメニ引イテアルト、思イマスカ。

松村　　ソレワ、地球ノ眞中ヲ見セルタメデス。

先生　　ソウデス。ソシテ、コレヲ赤道トイ丶マス。赤道カラ北ワ、北半球デ、南ワ南半球デス。韓國ヤ日本ヤ清國ワ、ドツチノ方ニアルカ、言ツテゴランナサイ。

村田　　北半球ニアリマス。

先生　　一年ノ内デ、晝ト夜ノ長サノ同ジ時ワ、何月デスカ。(7-68)

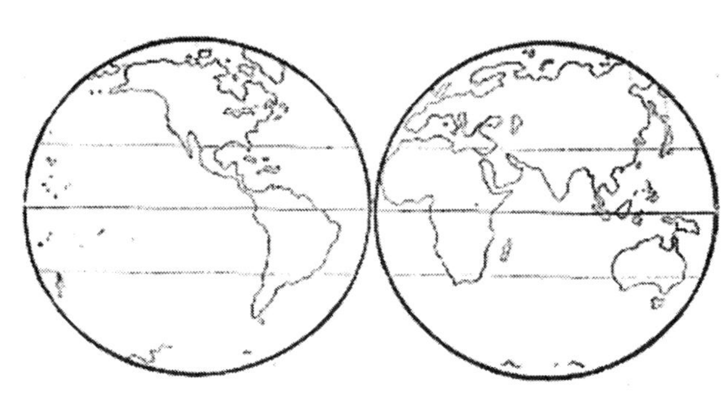

山口　　三月ト九月デス。

先生　　ソウデス。ソノ時ニワ、太陽ガ、チヨウド赤道
　　　　ノ眞上ニ、アルノデス。

　　　　一年中デ、晝ノ一番長イノワ何月デ、夜ノ一番
　　　　長イノワ何月デスカ。

田原　　晝ノ長イノワ六月デ、夜ノ一番長イノワ十二月
　　　　デス。(7-69)

先生　　コヽニ、又、北半球ニモ、南半球ニモ、一本ズ
　　　　ツ太イ線ガアリマシヨウ。晝ノ一番長イ時ニ
　　　　ワ、太陽ガ、北半球ノコノ線ノ眞上ニ、來ルノ
　　　　デス。ソシテ、夜ノイチバン長イ時ニワ、南半
　　　　球ノコノ線ノ眞上ニ、來ルノデス。

第二十課　星

實際　　おかしい　　うそ　　散らす (7-70)

この老人わ、三人の孫に、星の話をしています。

老人　　今夜わ、月がなくて、よく晴れているから、星が
　　　　たくさん、見えています。ごらんなさい。ちよう
　　　　ど玉を散らしたようで、美しいでわありません
　　　　か。ちよつと見ると、人の眼の球よりも、(7-71)

　　　　　もつと小いようですが、實際わ、大層大なもの
　　　　　です。どのくらい大いと、思いますか。
壽童　　　人の頭ぐらい大いのですか。
老人　　　そんなに小くわありません。福童わ、どのくら
　　　　　い大いと思うか、言つてごらん。
福童　　　私も、人の頭ぐらいかと、思つていましたが、
　　　　　それなら、家ぐらい大いのですか。
老人　　　もつと大いのです。貞童、言つてごらん。
貞童　　　それでわ、山よりも大いのですか。(7-72)
老人　　　まだまだ大いのです。この世界の何百倍もある
　　　　　のが、幾つもあります。

　三人の子供わ、祖父さんが、うそを言うのだと思つて、い
つしよに笑いました。

老人　　　おかしいことわありません。星わ、大いのです
　　　　　けれども、大層遠い所にあるから、小く見える
　　　　　のです。
　　　　　何でも、遠い所にあるものわ、小く見えます。
　　　　　この地球でも、星の所から見たら、(7-73)

やつぱり、あの星のように、小く見えるでしよ
う。

いま見えているほかに、星わ、まだまだ澤山あ
るのですが、あまり遠い所にあるのわ、人の目
にわ、見えません。また、近い所にあつても、
割合に小くて、見えない星も、ずいぶんあるの
です。(7-74)

日語讀本卷七 終

隆熙二年三月印刷

編纂

店印刷

學部編纂

日語讀本　卷八

第4學年　2學期

學部編輯局出版

學部編纂

日語讀本　卷八

大倉書店印刷

卷八 [4學年 2學期, 1908] 目 次

第一課　物の價

たゞ　　一層　　めつたに
薪　　　まい　　例えば

石原　鐵や銅わたいそう入用なものだのに廉くて、金
や銀わあまり入用でないのに高いのわ、なぜで
しようか。

山口　鐵や銅わたくさんあるけれども、金や銀わたく
さんないからです。(8-1)
米や薪などわ鐵や銅よりももつと入用だのに、
又一層廉いのわ、鐵や銅よりももつとたくさん
あるからです。
この世界で、水や空氣ほどいりようなものわあ
りません。水や空氣がもしなかつたら、我々わ
生きていることわできません。殊に空氣がなか
つたら、半時間もたゝない內に死んでしまうで
しよう。

けれども、誰も金を出して空氣を買う人わあり
ません。(8-2)

又、水を買う人も、めつたにわありますまい。
いくら入用でもたくさんあつて、買わないでも
よい物わ、皆たゞです。價わありません。

けれども、水のような物でも、丸でない所や少
い所などえ行くと、價があります。例えば、人
の大勢住んでいる町や、山の上などでわ、金を
出して水を買う事がありましよう。

石原　それでわ、絹の織物などに一尺二三圓するのも
　　　あるし、(8-3)

また、四五拾錢しかしないのもあるのわ、なぜ
ですか。

山口　高い方わ造るときに手間が多くかゝつていて、廉
い方わ手間がすこししかゝつていないのです。
何でも手間の多くかゝるものわ、澤山できない
から高くて、手間の多くかゝらない物わ、澤山
できるから廉いのです。(8-4)

練習

一　言うまいと思つても、つい言いたくなります。

二　雨わ降るまいと思つていたら、急に降りだしました。

三　あの人わ約束をちがえるようなことわ、ございます
　　まい。

四　この筆わ一本五錢します。

五　あの鉛筆わ一本三錢しかしません。(8-5)

第二課　紙幣ト爲替

現金　　　不便　　　やつと

相場　　　交換　　　扱う

　昔ワ、貨幣ガナカツタカラ、人ガ何カ買イタイト思ウトキニワ、別ナ品物ヲ持ツテイツテ、買イタイ品物ト交換シタノデス。例エバ、甲ノ人ワタクサン、鹽ヲ持ツテイテ、乙ノ人ワタクサン、米ヲ持ツテイタトスレバ、甲ワ乙ノトコロエ鹽ヲ持ツテイツテ、米ト交換シタノデス。

　モシ、米ト鹽ノ相場ガ同ジデアツタラ、米一升ワ鹽一升ト交換シマス。(8-6)

ケレドモ、米ノ相場ガ鹽ノ二倍ダトスレバ、米一升ワ鹽二升ノ割合デ交換シナケレバナリマセン。

　コンナフウニ、品物ト品物ヲ交換シタノデスカラ、何か買イタイ時ニワ、ソノ品物ヲタクサン持ツテイル人ヲ、捜サナケレバナリマセン。又、ヤツト捜シダシテモ、コツチデ賣リタイ品物ガ、ムコウニ要ラナケレバ、交換スルコトワデキマセン。(8-7)

デスカラ、昔ワズイブン不便デシタケレドモ、貨幣ガデキテカラワ、大層便利ニナリマシタ。ソレワ品物ヲ交換シナイデ、スグニ、貨幣デ買ウカラデス。

ケレドモ、貨幣ワ重クテ、持運ニワ、隨分不便デシタガ、ソノ後紙幣ガデキテ、持運ニモ、大層便利ニナリマシタ。

貨幣ヤ、紙幣ワ便利デスガ、遠方エ持ツテイツタリ、送ツタリスルトキニワ、取ラレタリ、ナクシタリスル事ガアリマス。(8-8)

マタ、紙幣ワ輕イケレドモ、タクサンアルト、大ナ荷物ニナリマス。

コノ不便ヲナクスタメニ、爲替トイウモノガデキタノデス。爲替ニスレバ、現金ヲ扱ワズニ、タクサンノ金ガ何所エデモ送レマス。コンナフウニ、何デモ、ダンダン便利ニナツテイキマス。

第三課　天津條約

獨立國　　　條約　　　亂暴

屬國　　　約束　　　やはり (8-9)

　韓國ワ昔カラ、清國ノ屬國ノヨウニナツテイマシタガ、今カラ三十年バカリ前ニ、日本ガ始メテ、「韓國ワ獨立國ダ」ト言イダシマシタ。ソレデ、世界ノ國々デモ、皆、ソウ思ウヨウニナツタノニ、清國デワヤハリ、昔ノ通リニ思ツテイマシタ。

　一方デワ獨立國ダト思ツテイルノニ、一方デワ屬國ノヨウニシテイマスカラ、日本ト清國ワ互ニ、ヨク思ワナイヨウニナリマシタ。

　今カラニ十幾年カ前ノコトデシタ。(8-10)
京城ニ居タ清國ノ兵隊ガ、日本ノ兵隊ニ亂暴ナコトヲシカケマシタカラ、日本デワ大層オコリマシタ。ソレカラ、兩方ノ國ノ兵隊ガイツシヨニ居ルト、マタ喧嘩ヲスルカモシレナイカラ、日本ト清國ト約束シテ、互ニ、韓國エ兵隊ヲ置カナイコトニシマシタ。

　　兩方ノ國ノ人ガ淸國ノ天津デ出會ツテ、コノ事ヲ約束シマシタカラ、コノ約束ヲ「天津條約」トイヽマス。國ト國ノ約束ヲ「條約」トイウノデス。(8-11)

　　天津條約デワ、日本モ淸國モ韓國エワ兵隊ヲ置カナイ事、モシ亂暴ナコトヲスル者ガアツテ、兵隊ヲ出サナケレバナラナイ時ニワ、タガイニ知ラセテ後ニ兵隊ヲ出ス事ヲ約束シマシタ。

第四課　日清戰爭

東洋　　追出す　　講和　　撃沈める

西洋　　攻める　　賴む

「學問わ東洋の學問だけでよい。西洋の學問などするものわ、國のためにならない」と言つて、何でも、(8-12)外國のことを好かない人が、韓國に大勢ありました。

今から十何年か前に、そんな人たちが集つて、外國人を追出そうとしました。その時に、清國わ兵隊を牙山え上陸させました。そして、日本えわ、「屬國の內に亂暴な者ができたから、兵隊を出す」と言つてやりました。

日本でわ、「韓國わ獨立國であつて、清國の屬國でわない。それだのに、清國がむやみに、兵隊を送るなら、(8-13)日本でも兵隊を送つて、韓國に住んでいる日本人を保護する」と言つて、兵隊を出しました。これが日清戰爭の初です。

それから、清國わ兵隊を軍艦に乗せて、牙山え送ろうとしましたが、日本の軍艦に出會つて、撃沈められました。

　そのあいだに、清國の兵隊わ北の方から平壤まで來ました。日本軍わ一日で、それを攻破りました。また、日本軍わ鴨綠江を渡つて、清國え攻めこんで、(8-14)
旅順を取りました。

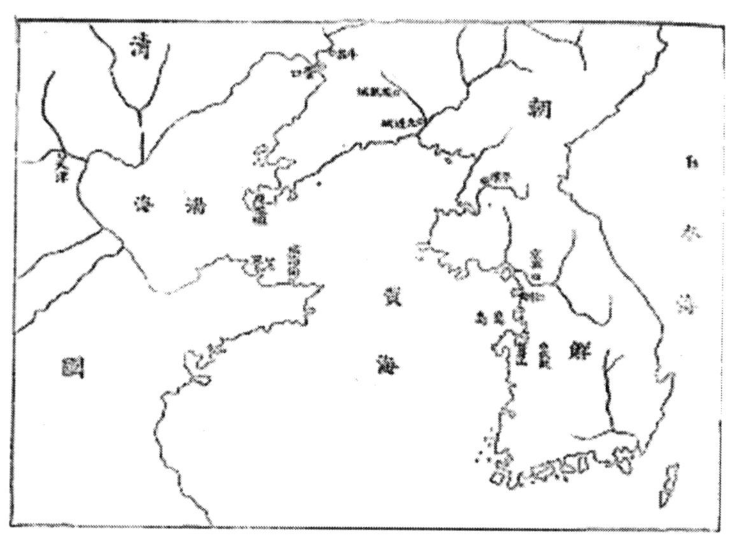

　海軍も日本の方がたいそう勝つて、清國の軍艦わ皆、威海衛という所え逃げこみました。日本の陸軍と海軍といつしよになつて、威海衛を攻取りましたから、(8-15)

清國でわもうかなわないと思つて、講和をしました。

　それから、「韓國わ屬國でわない。獨立國だ」ということ
を、清國も承知するようになりました。

第五課　隣國

本國　　　物産　　　分捕る

隣國　　　砲臺

　土地の廣さからいえば、世界で、いちばん大な國わロシヤで、その次わ清國です。(8-16)
イギリスわほうぼうに廣い土地を持つていますが、本國わ日本よりも小い國です。

　世界で一番大なロシヤと、清國とわ二つとも我が國の隣になつています。日本わこの二つの國に比べれば、たいそう小いが、強い國です。ですから、韓國わ二つの大な國と、一つの強い國との間にあるのです。

　清國わたゞ廣いばかりでなく、氣候も良いし、土地も肥えているし、物産もたくさんあつて、人もよく働きます。

(8-17)

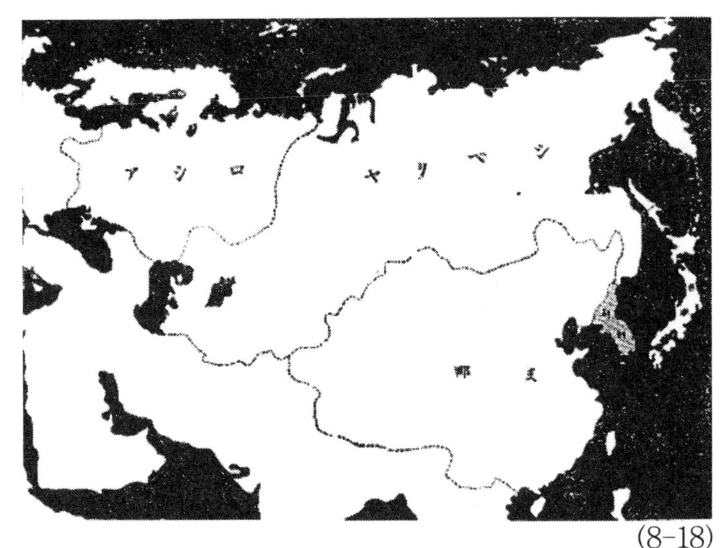

(8-18)

けれども、昔の事ばかりよいと思つて、新しい學問をする人が少いから、割合に強くわないのです。

ロシヤわたいそう廣いけれども、北のほうにあるから、氣候が惡くて、物産わ土地の廣い割合に、たくさんありません。ロシヤの北のほうの海などわ、一年の半分わ、凍つていて、船がかよいません。そして、良い港もないのです。

それで、ロシヤわ韓國の東北にある (8-19)
ウラジオストツクという港を、清國から取つたのです。
けれども、この港わ冬になると、すつかり凍つてしまいます。

　どうかして、凍らない良い港が欲しいと思つて、やつと、旅順を清國から借りて、そこえ軍艦を集めたり、砲臺を造つたりしました。けれども、これも日露戰爭で、日本に取られました。

　日本わ、小な國ですけれども、早くから新しい學問をしたから、強い國になりました。(8-20)

日本の海軍わ大層強くて、日清戰爭でわ、清國の軍艦をすつかり、擊沈めたり、分捕つたりしました。又、日露戰爭でも、ロシヤのたくさんの軍艦を、大抵、分捕つたり、擊沈めたりしました。

練習

一　せいの高さからいえば、山口さんが、一番です。

二　　學問のよくできることからいえば、高橋さんが一番です。(8-21)

三　我々に入用なことからいえば、金屬の内で、鐵が一番ですけれども、直段からいえば、金にかなうものわありません。

第六課　分業

材料　　分業　　塗る　　造りあげる

器具　　熟練　　削る

　一箱ノマツチワ誠ニ廉イモノデスケレドモ、大勢ノ手デ造ツタモノデス。マツチワ木ト、紙ト、藥デ造ツテアリマス。

(8-22)

　山デ木ヲ伐リダス人ト、ソノ木ヲハコブ人ト、木ヲ割ツテ小クスル人ワ、ミナ、同ジ人デワアリマセン。又、小クシタ木ヲ削ツテ、薄クスル人ト、細クスル人ワ、ミナ、違ウ人デス。

　細ク削ツタ木デ、マツチヲ造ルノモ、薄ク削ツタ木カラ、マツチノ箱ヲ造ルノモ、ミナ、別ナ人ガスルノデス。又、マツチノ端エ藥ヲ附ケルノモ、箱エ紙ヲ貼ルノモ、ソノ紙ノ上エ藥ヲ塗ルノモ、ミナ、一人デスルノデワアリマセン。

(8-23)

　デスカラ、一箱ノマツチデモ、造リアゲルマデニワ、大勢ノ手ガカヽツテイルノデス。ソノ上、マツチエ塗ル藥ヤ、箱エ貼ル紙ヲ造ルノニワ、何十人ノ手ガカヽツテイルカシレマセン。

　ソシテ又、マツチヲ造ルニワ、器具モ要リマス。

　家モ建テナケレバナリマセン。ソノ家ヤ、器具ヲ造ツタ人マデモ、數エテミレバ、一箱ノマツチヲ、造リアゲルノニワ、何百人トイウ人ガカヽツテイルノデス。(8-24)

　コンナフウニ、一ツノ品物ヲ造ルノニ、大勢デ手ワケシテスル事ヲ、「分業」トイヽマス。近頃ワ何デモ、分業デスルヨウニナリマシタ。

　若シマツチ一箱ヲ造ルノニ、木ヲ伐リダス事カラ、藥ヲ造ル事マデ、スツカリ、一人ノ手デスルトスレバ、タイソウ、時間ガカヽツテ、ソノ上、ヨイ品物ワデキマセン。

　トコロガ、分業デスルト、時間モ多クワカヽリマセン。マタ、誰モ、熟練シタ仕事バカリスルノデスカラ、(8-25)
品物モ立派ナモノガデキルノデス。

シアゲル。　　　　縫イアゲル。

塗リアゲル。　　　刈リアゲル。

練習

一　農夫ワモウ、稲ヲ刈リアゲマシタ。

二　コノ着物ワ今日中ニ縫イアゲラレマス。

三　壁ワスツカリ塗リアゲマシタカ。

四　コノ家ワズイブン手ノカヽツタ家デス。

五　手ワケヲシテホウボウ尋ネタケレドモ、見ツカリマセ

　　ン。(8-26)

第七課　我々ノ着物

機械　　　織る　　　工業家

世間　　　布　　　　そまつ

　我々の着る着物わ、たいてい、木綿か、絹か、麻か、毛織です。木綿も、絹も、麻も、毛織も、その材料わ皆、農夫の手でできたものです。

　昔わ、農夫がじぶんで絲をとつたり、布を織つたりして、着物を造つていましたが、近頃わ段々、(8-27)
それが少くなりました。

　今でわ農夫わ綿や繭をそのまゝ、商人に賣ります。商人わそれを買集めて、又、工業家に賣ります。工業家わ大な機械を使つて、そんな材料を布にして、それを又、商人に賣ります。そして、商人わそれを廣く、世間え賣りだすのです。

　ですから、農夫わ自分で作つた材料を賣つて、美しい布にしてもらつて、また、商人から買うのです。誠におかしなようですけれども、その方が便利なのです。(8-28)

農夫がじぶんで絲を
とつて、布を織ると、
大層、時間がかゝつ
て、その割合に、美し
い着物わできません。
それよりも、材料の
まゝで賣つて、絲を取
つたり、布を織つたり
する (8-29)

手間で、他の仕事をすれば、美しい着物を買う事ができます。

　われわれの着ている着物わ、農夫が畠え作るときから、こんなに美しく造りあげるまでにわ、ずいぶん手間のかゝつたものです。ですから、一尺の布でも、そまつにしてわなりません。

第八課　銀行　一

定期預　　貸附係　　期限　　ね

當座預　　預金係 (8-30)

大橋わ金を銀行え預けに、來ました。

大橋　　金をすこし預けたいのです。

爲替係　あゝ、それわあすこえ持つていらつしやい。

　　　　私の所でわ爲替ばかり扱うのです。

大橋　　預金を扱うのわこゝですか。

貸附係　それわ此所でわありません、こゝわ貸附係で
　　　　す。この次の口から三番めに、「預金係」と書い
　　　　てある口がありますから、其所えおいでなさ
　　　　い。(8-31)

大橋　　金をすこし預けたいのです。

預金係　そうですか。おいくらですか。

大橋　　百貳拾圓です。

　　　　どんなふうにして、預けるのですか。

預金係　　預金にわ定期預と、當座預と、二通りありま
す。(8-32)

定期預にしますと、半年とか、一年とか、期限
をきめて、おあずけになるのですから、期限よ
りも前にわ引出せません。

當座預にしますと、別に期限をきめないで、お
預けになるのですから、お入用のときわ、何時
でも引出せます。どちらになさいますか。

大橋　　　それでわ、當座預のほうが便利ですね。

預金係　　そうです。そのほうがご便利です。(8-33)

大橋　　　それなら、當座預にしてください。

練習

一　右から五人めに立つている人が、金さんです。

二　手紙が三日めに着きました。

三　この次の通りから五つめの通りを、左えいらつしやい。

四　左側で五軒めだと覺えています。(8-34)

第九課　銀行 二

住所　　　日歩　　　書入レル

姓名　　　六朱　　　當ル　　　ツキ

預金係　ケレドモ、利子ワ定期預ノ方ガ高イノデスカ
　　　　ラ、近イ内ニオ入用デナケレバ、ソノ方ニナサ
　　　　ルト、オ得デス。

大橋　　アヽ、ソウデスカ。ソレデワ、定期預ト、當座
　　　　預ト、ドノクライ、利子ガ違イマスカ。

預金係　當座預ワ百圓ニツキ、日歩ガ壹錢五厘デス。定
　　　　期預ワ一箇月六朱デスカラ、日歩ワ 凡ソ貳錢ニ
　　　　當リマス。(8-35)

デスカラ、定
期預ノ方ガ百圓
ニツキ、一日五
厘ズツ得デス。

百貳拾圓オ預ケニナリマスト、一日ニ六厘ズツ
得ニナリマス。六厘トイエバ、何デモナイヨウ
デスガ、一箇月ニワ拾八錢ニナリマス。(8-36)

大橋　コノ金ワ六箇月ノ間ワ、要ラナイノデスカラ、
ソレデワ、定期預ニシマシヨウ。

預金係　ソレデワ、コノ紙エ金高ト、ゴ住所ト、オ姓名
ヲオ書キクダサイ。

ソシテ、ソノ金ワ、コノ次ノ「支拂係」ト書イテ
アル所エ、持ツテイツテ、オ出シクダサイ。

大橋ワ支拂係ノ所エ金ヲ持ツテイツテ、渡シマシタ。支拂
係ワ小ナ受取ヲ渡シテ、(8-37)

コノ紙ヲ預金係ノトコロエ持ツテイラツシヤイ。

ソレカラ、大橋ガ預金係ニソノ受取ヲ出シタラ、預金係ワ
大ナ帳面エ書入レテ、別ニ、預リ證ヲ渡シマシタ。大橋ワ銀
行ノ仕事ガ一々、分業ニナツテイルノニ、感心シマシタ。

練習

一　一箇月ニツキ、拾五錢ノ利子デス。

二　利子ワ一箇月ニツキ、拾五錢デス。(8-38)

三　百圓ニ付、日步參錢ノ割合デス。

第十課　良い醫者

眼病　　　入院　　　上手

診察　　　評判　　　ぐずぐず

　ある所に名高い醫者がありました。病氣を治すことが上手で、「その醫者にかゝればどんな病氣でも治らないことわない」と評判されていました。

　「良い醫者だ、良い醫者だ」といふ評判が、高くなりましたから、(8-39)
色々な病人が方々から、診察してもらいに來ました。

　或朝、その醫者の子供が「眼が痛い、眼が痛い」と言いました。醫者わちよいと見て、「これわたいへん惡い病氣だ。ぐずぐずしていると、盲目になつてしまう」と言つて、あわてゝ、すぐ、眼醫者をよびにやりました。

　眼醫者わいそいで來て、診察して、「これわ大變惡い病氣です。速く病院え入れなければ、(8-40)
盲目になるかもしれません」と言いましたから、すぐに入院させました。二週間ばかりで、すつかりなおりました。

近所の人わ皆、ふしぎに思つてあれほど上手な醫者だの
に、なぜ、じぶんの子の病氣を自分で治さないで、他の醫者
に診察させたのでしようか」と言つていました。これを聞い
て、その醫者わある時、隣の人にこんな話をしました。

醫者が他の醫者を喚んで、診察してもらつても、不思議
な事わありません。(8-41)

昔の醫者わ一人で、何の病氣も診察していたのですが、近
頃わ體の内の事と、外の事とわ皆、別な醫者が診察するよ
うになりました。また、眼や耳の病氣にわそれぞれべつ
に、醫者があります。

昔の醫者の知つていたくらいな事わ、今わ醫者でない人
でも知つています。今日の醫者わ何の病氣の事でも、一
通りわ知つていますけれども、(8-42)

その内、じぶんの一番よく知つている病氣ばかり、診察
するのです。私わ體の内の病氣ばかり、診察することわ
しています。眼の病氣のことも一通りわ知つていますけ
れども、先日來てもらつた醫者わ、眼病を治すのが上手
ですから、診察してもらつたのです。

第十一課　祈禱と藥 一

無學　　坊さん　　張裂ける　　幸 (8-43)

信心　　信用　　諦める　　渡す

　作平わ田舍の農夫です。學校え行つた事がないから、自分の姓名も書けないような、無學な男です。

　作平の家の近所に、小な寺があつて、その寺の坊さんわ祈禱が上手だというので、あつちでも、こつちでも、評判していました。村の人わどの人もこの人も、大層信用して、病氣にか丶ると、皆、その坊さんに祈禱をしてもらつていました。(8-44)

　そしてさいわい治れば、「祈禱で治つた」と思つて喜びますし、また、治らなければ、「あの坊さんの祈禱でも、治らないのだから、仕方がない」といつて諦めます。ですから、坊さんわますます信用されるばかりでした。

　作平もある時、眼病にか丶つて、その坊さんに祈禱してもらいました。坊さんわ祈禱をしたあとで、作平に臭い水を渡して、「心配することわありません。毎日、こ丶えおいでなさい。(8-45)

私が祈禱をしてあげます。そして、この水を眼えおつけなさい。二週間もたてば、治ります」と言いました。

作平わはやく治したいとおもつて、毎日、坊さんの所え通つて、祈禱をしてもらい、又、一日に三度も四度も水を眼えつけていましたが、(8-46)
少しも良くなりません。それでも、坊さんの言つた事を信用して、二週間ばかり通いましたが、ますます悪くなるばかりで、眼の球の張裂けるほど、痛みます。

　坊さんわそれを見て、「あなたわどうも信心が足りないか
ら、治らないのです。もう、その眼病わ治りません。盲目に
なつても、仕方がありません」と言いました。(8-47)

第十二課　祈禱と藥 二

失望　　　かわいそう　　雨乞

治療　　　たまらない　　欺す

作平わたいそう失望して、内え歸りました。「もう、盲目に
なつてしまうのか」と思うと、どうも悲しくてたまりません。
近所の人もたゞ、「作平さんわかわいそうだ」と言うばかり
で、どうする事もできません。

となりの町に眼醫者がありました。坊さんが「治らない」と
言つたのだから、「どうしても治るまい」(8-48)
とわ思いましたが、あまり痛くてたまりませんから、「痛だけで
も止めてもらおう」と思つて、醫者のところえ行つてみました。

醫者わ作平の眼を見て、「これわ大變だ、盲目になりかゝつ
ている、なぜ、こんなに惡くなるまで、こうしておいたので
すか」と尋ねました。

作平わ今までのことをすつかり、醫者に話しました。醫者
わ作平が無學のために、坊さんに欺された事を、かわいそう
に思いました。(8-49)

　早速、療治をしましたら、二三日で、痛が止つて、一週間ばかりで、すつかり治りました。坊さんに貰つた水を、よく見ると、まるで腐つた水でしたから、それを附けて、ますます眼をわるくした事が、わかりました。

　世間にわ作平のように無學で、「病氣わ祈禱をすれば治る」と思つて、醫者にかゝらないでいる人が、大勢あります。作平わさいわい、めくらにならないうち、醫者にかゝつて、治りましたけれども、隨分、(8-50)
なおる病氣をなおさないで、死ぬ人も少くわありません。

　「祈禱をすれば病氣が治る」と思つたり、「雨乞をすれば雨が降る」と思つているような人わ、隨分、かわいそうなんです。開けない國にわ、こんな人が多うございます。

　昔、ある人が支那の名高い學者に、「雨乞して雨の降るのわ、どういうわけですか」と尋ねたら、「雨乞しないでも、雨の降るようなものです。」と答えたそうです。(8-51)
　昔の人にも賢い人がありました。

練習

一　嬉しくてたまらない。

二　見たくてたまりません。

三　讀みたくてたまりますまい。

四　病氣わもう治りかゝつています。

五　この木わ枯れかゝついていました。

第十三課　京城東京間　一

甲板　　出帆　　乘込ム　　積出ス　　調 (8-52)

寢室　　參ル　　搖レル　　シラベル　　印

　私ワ先日東京エ參リマシタ。京城カラ東京マデワ千マイル
以上モアリマスガ、汽車ト汽船デ行ケバ、ワズカ六十時間デ
行ケマス。

　私ワ六日ノ午前八時五十分ニ、南大門發ノ汽車エ乘リコミ
マシタ。南大門デ「東京行ノ連絡切符」ヲ買イマシタ。ソシ
テ、大イ荷物ワ預ケテ、小ナ鞄ダケ一ツ持ツテ、乘リマシ
タ。ソノ汽車ワ午後ノ七時頃ニ、草梁エ着キマシタ。(8-53)

　連絡船ワ釜山ノ棧橋ノ所エ碇泊シテ、待ツテイマシタカ
ラ、私ワ汽車カラ下リルトスグ、艀デ本船エ乘込ミマシタ。
乘客ハ皆乘ツテシマイマシタガ、釜山カラ積出ス荷物ガ、澤
山アリマシタカラ、船ワスグニ出帆スルコトガデキマセンデ
シタ。

午後ノ十時ニナツテ、船ワ碇ヲ上ゲマシタ。ソシテ、汽笛ヲ鳴ラシテ、動キダシマシタ。丁度月ガ出テイマシタカラ、乗客ワ皆甲板エ上ツテ、(8-54)

月ヲ眺メテイマシタ。汽船ガハシル、白イ波ガ立ツ、月ガ照ル、波ガ金色ニナル、ソレワソレワ奇麗デシタ。

　私ワ始メテ汽船エ乘ツタノデスガ、スコシモ搖レナイデ、大層愉快デシタ。寝室エハイツテ、チヨイト眠ツタト思ツテ起キテミルト、モウ、夜ガ明ケテ、馬關ノ町モ見エテイマシタ。馬關エ着イタノワ、午前ノ九時頃カト思イマス。

　上陸スル前ニ、稅關ノ人ガ來テ、(8-55)荷物ヲシラベマシタガ、私ワ何モ稅ノカヽル物ワ持ツテイナカツタトミエテ、チヨイト見タバカリデ、スグニ、鞄エ白墨デ、印ヲツケテクレマシタ。

　稅關ノ調ガスムト、乘客ワ皆艀エ乘ツテ上陸シマシタ。スグ出ル汽車ガアリマシタガ、ソノ汽車ワ大阪デ止ルノダソウデスカラ、次ノ汽車ヲ待ツコトニシマシタ。

第十四課　京城東京間　二

商船　　發車　　混雜　　ヤガテ (8-56)

商賣　　見物　　乘煥エル

　ツギノ汽車ワ午後ノ三時スギニ、發車スルノデス。マダ、大分、時間ガアリマシタカラ、鞄ナドヲステーシヨンエ預ケテオイテ、アツチコツチ、馬關ノ町ヲ見物シマシタ。

　ドコノステーシヨンニモ、荷物ヲアズカル所ガアリマス。スコシバカリ金ヲ拂エバ、預ツテクレマスカラ、汽車ノ來ルマデ、チヨイトヨソエ行ツテクルノニワ、大層便利デス。

(8-57)

　午後三時半ノ急行列車デ、出發ヲシマシタ。始メテ、日本ノウチヲ旅行スルノデ、珍シイモノデスカラ、汽車ノ窓カラ、方々眺メテイマシタガ、ヤガテ、日ガ暮レテ、何モ見エナクナリマシタ。

　夜ガ明ケテカラ間モナク、神戸エ着キマシタ。神戸ノ港ニワ大ナ軍艦ヤ、商船ガ澤山碇泊シテイマシタ。私ワアンナニ澤山、船ノ集ツテイルノヲ、始メテ見マシタ。町モ新シイ家ガ多クテ、タイソウ立派デス。(8-58)

神戸カラワズカ一時間デ、大阪エ着キマシタ。大阪ワ東京ニツグ大ナ市デ、商業ノ盛ナ所デスカラ、ステーシヨンデ乗ル人モ、下リル人モ大勢アリマシタ。

京都ワ大阪ノヨウニ、盛デワアリマセンケレドモ、古イ寺ナドガタクサンアツテ、景色ノヨイ所デス。奈良エ行クモノワ、コヽデ乗換エルノデシヨウ。驛夫ワ「奈良行ワ乗換」ト言ツテ、乗客ニ注意シテイマシタ。(8-59)

京都ヲ出テ、トンネルヲ越スト、左ノ方ニ湖水ガ見エマス。コレワ琵琶湖トイツテ、名高イ湖デス。富士山ワ夕方デ、ヨク見エマセンデシタカラ、歸ニ見マシタ。繪デ見タノヨリモ、モツト立派デス。

東京ノ新橋エ着イタノワ八日ノ午後九時半頃デシタ。乗客ワ皆、コヽデ下リマスカラ、大層混雜シマス。私ワマズ、宿屋エ行ツテ、宿屋ノ男ニ合鑑ヲ渡シテ、預ケテオイタ荷物ヲ、取ツテコサセマシタ。(8-60)

第十五課　日露戰爭

仕方ガナク　　　アブナク

キマツテイル　　勸メル

　日淸戰爭ガスンデ、日本ト淸國ト講和シタ時ニ、淸國ワ遼東半島ヲ日本エ讓リマシタ。遼東半島ワ旅順ノアル所デス。旅順ワ大層良イ港デスカラ、ろしやワドウカシテ、コレヲ取リタイト思ツテイマシタ。(8-61)

　日本ガ旅順ヲ持ツテイルト、チヨイト取レナイカラ、ろしやワ日本ニ勸メテ、療東半島ヲ淸國エ返サセマシタ。日本ノ人ワタイヘン怒ツタケレドモ、ソノ時ニワマダ、軍艦モアマリナカツタモノデスカラろしやノ言ウ事ヲ聽イテ、返シマシタ。

　スルトスグソノ後デ、ろしやワ九十九箇年ノ約束デ、淸國カラ旅順ヲ借リウケテ、砲臺ヲ造ツタリ、軍艦ヲ集メタリシマシタ。ソレカラマタ、(8-62)

ろしやワ兵隊ヲ大勢、滿州エ送ツテキテ、滿州モ、遼東半島モ取ツテシマオウトシマシタ。韓國ノ南ノホウエモ、軍艦ヲ入レル港ヲ造ロウトシマシタ。

　ソウナレバ、滿州モ、韓國モろしやノ物ニナツテ、日本モ ダンダンアブナクナリマスカラ、日本ワ仕方ガナク戰爭ヲシ タノデス。

　「日本ノヨウナ小イ國ガ、ろしやノヨウナ大イ國ト戰爭スレ バ、負ケルニキマツテイル」ト大抵ナ人ワソウ考エテイマシ タ。(8-63)

トコロガ、海軍デモ、陸軍デモ、日本ノホウガ大層勝ツタモ ノデスカラ、世界中ノ人ワミナ驚キマシタ。

　ろしやワ兵隊モ大勢殺サレテ、軍艦モ取ラレタリ、沈メラ レタリシマシタカラ、トウトウ講和シマシタ。ソシテ、滿州 ノ鐵道ト、樺太島ノ半分ダケトヲ日本エ渡シテ、滿州ノ兵隊 ヲ呼返シマシタ。

　ソレカラ、今マデろしやノ借リテイタ旅順ト、(8-64) ソノ近所ワ日本ガ淸國カラ借リルコトニナリマシタ。

練習

一　勉强すれば、よくできるにきまつている。

二　善いことをすれば、人から賞められるにきまつていま
す。

三　遠いところにあるものわ、小く見えるにきまつていま
すか。(8-65)

第十六課　運のよかつた人

敵兵　　怪我　　正面　　頰

彈丸　　士官　　中る　　哀

　戰爭の時にわ、おもしろい話や、哀な話が澤山あります。運の惡い人わ、木や石の蔭に隱れていても、殺されます。運のよい人わ、彈丸が雨のように飛んでくるところに立つていても、中りません。

　日露戰爭の時にも、色々おもしろい話や、哀な話がありました。今、運のよかつた人、二人の話をしましよう。(8-66)

　旅順を攻めていた時の事でした。ある日本の士官わ、敵兵があわてゝ、向うの山から逃出すのを見て、大な口を開けて笑いました。その時にちようど、彈丸が飛んできて、頰の所を右から左え飛拔けました。

　けれども、口を開けていたので、士官わ少しも怪我をしませんでした。もし、笑つていなかつたら、口の中を擊碎かれたかもしれません。(8-67)

　また、奉天の戰爭の時であつたかと思います。ある士官が大な聲で、「前え」と言つて、ちようど口をむすんだ時に、正面から飛んできた彈丸で、口を撃たれました。

　けれども、口を結びましたから、歯を四枚折られたばかりで、彈丸わ口の中でとまりました。もし、彈丸がもう少し早く飛んできたら、開けていた口を撃拔かれて、殺されたかもしれません。二人とも、ずいぶん、運のよかつた人でわありませんか。(8-68)

第十七課　兵隊フリツツ

薯　　大將　　いくさ　　どうかして

囊　　孝行　　遠方　　脊負う

　今から四十年ばかり前に、ドイツと、フランスと、戰爭をしました。そのとき、ドイツの兵隊が內え送つた手紙に、「薯が食べたくてたまらない」と書いてありました。

　この兵隊にわ、十歳になる男の子がありました。(8-69) たいそう、兵隊がすきで、每日、軍のまねをして、遊んでいましたから、人が皆、「兵隊フリツツ」と言つていました。

　フリツツわ手紙に書いてあつた事を、母から聞いて、「どうかして、薯を父に食べさせたい」と思いました。そこで、母にも言わずに、內にあつた薯を囊の中えいつぱい入れて、それを、脊負つて、出掛けました。「戰爭のある所わ、西のほうだ」と聞いていましたから、たゞ、西え西えと行つたのです。

(8-70)

　どんなに遠くて、幾日かゝるか。そんな事わ少しも考えなかつたのです。また、「遠方え行くのにわ金が要る」という事も、考えなかつたから金わ一錢も持つていませんでした。

疲れて、或宿屋の前で休んでいましたら、そこに泊つていた客が、「どうして此所え來たのか」と尋ねました。

戰爭に行つているおとうさんから、手紙で、(8-71)「薯が食べたい」と言つてきましたから、持つていくのです。この囊の中にわ、薯がいつぱい入つているのです。

その客わフリツツの孝行に感心して、他の客にこの話をしました。客わ皆、フリツツを賞めて、澤山金を集めてくれました。

それから、方々で、こんなふうに、だいじにされて、十日ばかりかゝつてとうとう、ドイツの兵隊の居るところまで、行きました。(8-72)

一人の兵隊を見て、喜んで、走つていつて、「内のおとうさんわどこに居ますか」と言いましたら、その兵隊わ「お前、こゝえ何しに來たのか」と尋ねました。フリツツわ父に薯を持つてきた事を話しましたから、兵隊わこのことを士官に話しました。士官もたいそう感心して、フリツツを大將のところえ連れていきました。

第十八課　兵隊フリッツ　二

涙　　席　　ごちそう　　續ける (8-73)

鉢　　へた　　撫でる

　大將わフリツツをそばえ喚んで、尋ねました。

大將　　お前の名わ何というのか

フリツツ　僕わフリツツです。皆が「兵隊フリツツ」と言い

　　　　ます。

大將　　何しに來たのか。

フリツツ　おとうさんが「薯が食べたい」といつて手紙をく

　　　　れましたから薯を持つてきたのです。この中に

　　　　ある薯わみな、大な、圓い薯です。(8-74)

　　　　いちばん旨そうなのを、持つてきました。おと

　　　　うさんに逢わせてください。

　大將の眼にわ、涙がいつぱいです。フリツツの頭を撫でな

がら、「よしよし、いまおとうさんを捜してきてやる」と言つ

て、次の室え連れていきました。

　それから、大將わ晩飯をあげるといつて、大勢の士官を招きました。晩飯の席え集つた客わ、みな、立派な士官ばかりでしたが、その中に、兵隊が一人まじつていました。(8-75)

　こんな、立派な、席え、兵隊などの招かれているのを見て、誰も皆、ふしぎに思いました。他の人よりも、兵隊わ自分で、いつそう、不思議に思いました。

　大な鉢の中え薯をいつぱい入れて、席の眞中に置いてあります。外にわ、何もありません。そして、皆が席えつくと、大將わ立つてこう言いました。(8-76)

諸君を招いたのわ、私でわない。今晩の主人わこゝに居る、この兵隊です。そして、この鉢の中にある薯が、今晩のごちそうです。

客わ互に、顔を見あわせました。兵隊もどうした事か、少しもわかりません。(8-77)
大將わ、なを、續けて言いました。

この薯がどうして、こゝえ來たのか。もし、それが知れたら、諸君わ「こんなごちそうわ今まで、食べた事がない」と言うでしよう。私わ物言う事がへただから、十分に説明ができない。それをじようずに説明する人わ、別にある。

大將わ側に居た人に何か言いました。その人わ外え出ていきましたが、少したつて、子供を一人連れてきました。

(8-78)

「おやつ、フリツツか」。「あつ、おとうさん」と言つて、兵士と、子供わ抱きあいました。客わそれを見て、ますます、不思議でたまりません。

　大將わ薯を持つてきたわけを、孝行な子供に話させました。客わみな泣きました。

練習

一　廉そうなのばかり、買いました。

二　堅そうなのばかり、持つてきました。(8-79)

三　大勢の生徒のうちで、疾く走れそうなのばかり、連れてきました。

第十九課　卒業式

卒業式　　掃除　　國旗　　文
別レル　　心得　　才禮

今日ワ私タチノタメニ、學校デ、卒業式ガアリマシタ。學校ノナカワ奇麗ニ掃除シテ、門ニワ國旗ガ立テテアリマシタ。生徒ワミナ、立派ナ着物ヲ着テイマシタ。觀察使ヤ、郡守、ソノホカ、立派ナ人ガ大勢來マシタ。(8-80)
又、生徒ノ親ヤ、兄モ大勢見エマシタ。

午前十時ニ、式ガ始リマシタ。校長ワ私タチヲ一人ズツ呼ビダシテ、卒業證書ヲ渡シマシタ。

ソレカラ、演說ヲシテ、私等ガ四年ノ間、ヨク勉强シタ事ヲ、賞メマシタ。又、卒業シテ後ノ心得ヲ、叮寧ニ聞カセテクレマシタ。

次ニ、觀察使モ演說ヲシテ、「私タチガヨク勉强シテ、コノ學校ヲ卒業スルノワ、大層喜バシイ事ダ」ト言イマシタ。

(8-81)

觀察使ノ演說ガスムト、朴サンガオ禮ノ文ヲ讀ミマシタ。「ソノ文ガ良クデキテイタ」ト言ツテ、皆ガ賞メマシタ。朴サンワ何デモヨクデキテ、何時モ一番デアツタノデス。

式ガスンデカラ、私タチワ菓子ヲ食ベテ、別レマシタ。私等ガ入學シタ時ニワ、チヨウド五十人アリマシタガ、イツショニ卒業シタ者ワ、三十八人ダケデス。(8-82)

「今マデ四年ノ間、互ニ、兄弟ノヨウニシテイタノニ、明日カラワ、モウコノ學校エ來ナクナルノカ」ト思ウト、悲シクナリマシタ。デスカラ、私等ワ「明日カラモウ、學校デワ會ワナイケレドモ、今マデノヨウニ仲ヨクシヨウ」ト約束シマシタ。

第二十課　校長の演說

師範學校　　めでたく　　十分

高等學校　　存じます

　今日わ、卒業式をいたしますので、お招き申しました。

(8-83)

どなたもお忙しい所を、おいでくださいまして、誠に、ありがとうぞんじます。

　今日卒業いたします生徒わ、三十八人ござすます。この三十八人わ入學いたしましてから四年の間、よく勉強して、そしてまた、教師の言う事をよく聽きまして、唯今、卒業證書を貰うことになりました。

　皆さんのうちにわ、これからなお、高等學校や、師範學校や、その他の學校え入學して、(8-84)
一層高い學問をする人も、ありましよう。また、內に居て、親の仕事を手傳う人も、ありましよう。どんな事をするにしても、先生から學んだことわ、よく覺えていて、皆さんわ善い人にならなければなりません。

(8-85)

　又、これまで、學校で習つただけでわ、十分でわないのですから、もう上の學校え行かなくても、常に注意して、まだ、いろいろな事を習わなければなりません。

　皆さんわ四年のあいだ、いつしよに勉强して、いつしよに遊んだ、仲のよい友だちですから、是から後も、學校に居た時のことを忘れないで、益、仲よくしなければなりません。

　又、學校に居る生徒わ、よく勉强して、(8-86)
この三十八人のようにめでたく、學校を卒業するようにしなければなりません。(8-87)

日語讀本卷八　終

隆熙二年三月印刷

編纂

大倉書店印刷

찾아보기

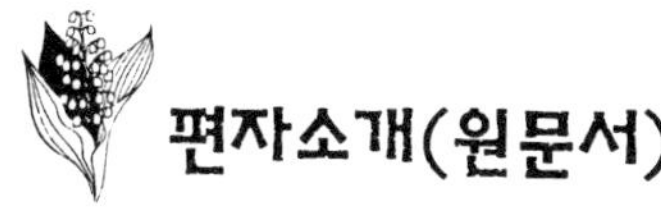

편자소개(원문서)

김순전 金順槇
소속 : 전남대 일문과 교수, 한일비교문학 · 일본근현대문학 전공
대표업적 : ①저서 : 『韓日 近代小說의 比較文學的 硏究』, 태학사, 1998년 10월
　　　　　②저서 : 『제국의 식민지수신』--조선총독부 편찬 <修身書>연구--
　　　　　　　　　제이앤씨, 2008년 3월
　　　　　③저서 : 『일본의 사회와 문화』, 제이앤씨, 2006년 9월

박제홍 朴濟洪
소속 : 전남대 일문과 강사, 일본근현대문학 전공
대표업적 : ①논문 : 「메이지천황과 學校儀式敎育-국정수신교과서를 중심으로」, 『일본
　　　　　　　　어문학』 제28집, 한국일본어문학회, 2006년 3월
　　　　　②논문 : 「『보통학교수신서』에 나타난 忠의 변용」, 『일본문화학보』 34집,
　　　　　　　　한국일본문화학회, 2007년 8월
　　　　　③저서 : 『제국의 식민지수신』--조선총독부 편찬 <修身書>연구--
　　　　　　　　제이앤씨, 2008년 3월

장미경 張味京
소속 : 전남대 일문과 강사, 일본근현대문학 전공
대표업적 : ①논문 : 「조선총독부 발간 『여자고등보통학교수신서』의 여성상」, 『日本學
　　　　　　　　硏究』 21집, 檀國大學校 日本研究所, 2007년 5월
　　　　　②논문 : 「근대한일 여성 사회소설 비교연구」, 『日本語文學』 제39집, 韓國
　　　　　　　　日本語文學會, 2008년 12월
　　　　　③저서 : 『수신하는 제국』, 제이앤씨, 2004년 11월

박경수 朴京洙
소속 : 전남대 대학원 박사과정수료, 일본근현대문학 전공
대표업적 : ①논문 : 「鄭人澤の日本語小說硏究 -「淸凉里界隈」와 「覺書」를 중심으로」, 『
　　　　　　　　일본어문학』 제33집, 한국일본어문학회, 2007년 6월
　　　　　②논문 : 「『普通學校國語讀本』의 神話에 應用된 <日鮮同祖論> 導入樣相
　　　　　　　　」, 『일본어문학』 제42집, 일본어문학회, 2008년 8월
　　　　　③저서 : 『제국의 식민지수신』--조선총독부 편찬 <修身書>연구--
　　　　　　　　제이앤씨, 2008년 3월

學部編纂
『日語讀本』原文(下)

초판 인쇄　2010년 7월 10일
초판 발행　2010년 7월 30일

편 자　김순전 박제홍 장미경 박경수 공편
발행처　제이앤씨
등 록　제7-220호

주소　132-702 서울시 도봉구 창동 624-1 현대홈시티 102-1206
전화　(02) 992-3253(대)
전송　(02) 991-1285
전자우편　jncbook@hanmail.net
홈페이지　http://www.jncbms.co.kr

책임편집　박채린

ISBN 978-89-5668-790-2 94190
　　　978-89-5668-788-9 (전2권)

정가 16,000원